Rudolf Stertenbrink

Die große Liebe des kleinen Senfkorns

Rudolf Stertenbrink

Die große Liebe
des kleinen Senfkorns

Begegnung mit Thérèse von Lisieux,
der neuen Kirchenlehrerin

Herder
Freiburg · Basel · Wien

Umschlaggestaltung: Finken & Bumiller, Stuttgart
Umschlagmotiv: Thérèse von Lisieux,
fotografiert von ihrer Schwester im April 1888

© Verlag Herder Freiburg im Breisgau 2000
Gesamtherstellung: Freiburger Graphische Betriebe 2000
Gedruckt auf umweltfreundlichem,
chlor- und säurefrei gebleichtem Papier

ISBN 3-451-26186-3

Inhalt

Vorwort

Schlägt man die neueste Ausgabe des *Lexikon für Theologie und Kirche* unter den Begriffen »Kirchenlehrer, Kirchenlehrerin« auf, dann heißt es dort: »Kirchenlehrer meint seit der zusammenfassenden Festlegung durch BENEDIKT XIV. die von der Kirche offiziell ernannten Personen, die sich durch Heiligkeit des Lebens, orthodoxen Glauben und herausragende Lehre auszeichnen.«[1] Schaut man die Liste der Kirchenlehrer durch, so findet man unter ihnen Namen wie AUGUSTINUS, THOMAS VON AQUIN, BERNHARD VON CLAIRVAUX, FRANZ VON SALES, JOHANNES VOM KREUZ, ALBERTUS MAGNUS, TERESIA VON ÁVILA, KATHARINA VON SIENA und an ihrem Ende seit 1997 Thérèse von Lisieux.

In den *Selbstbiographischen Schriften* der Thérèse von Lisieux findet der Begriff von der »Kirchenlehrerin« zweimal Erwähnung. Aufgrund ihrer guten Kenntnisse des Katechismus, den sie zwischen den Schulstunden während der Pausen lernte, und wegen ihres Namens Thérèse nannte sie ihr Religionslehrer seine »kleine Kirchenlehrerin« (MsA, 37r). An anderer Stelle schreibt Thérèse von Lisieux:

> »Ich fühle die Berufung zum Krieger, zum Priester, zum Apostel, zum Kirchenlehrer, zum Märtyrer [...] Trotz meiner Kleinheit möchte ich die Menschen erleuchten wie die Propheten, die Kirchenlehrer, ich habe die Berufung, Apostel zu sein ...« (MsB, 3r).

---

[1] Lexikon für Theologie und Kirche. Hrsg. v. Walter Kasper u.a. Dritte vollst. neubearb. Auflage, Bd. 6, Freiburg i. Br. 1997, 20f.

Dieser intensive Wunsch wurde durch eigentümliche Fügungen Schritt für Schritt Wirklichkeit. Es ist nicht übertrieben, wenn wir sagen, daß Thérèse von Lisieux bereits seit dem Bekanntwerden ihrer *Selbstbiographischen Schriften* inoffiziell als Kirchenlehrerin verstanden und verehrt worden ist.

Ihre offizielle kirchliche Erhebung zur Kirchenlehrerin kündigte Papst JOHANNES PAUL II. am Ende der XII. Weltjugendtage in Paris am 24. August 1997 beim Angelusgebet mit den Worten an: »Auf zahlreiche Bitten antwortend und nach aufmerksamem Studium habe ich die Freude anzukündigen, daß ich am Weltmissionssonntag, dem 19. Oktober 1997, im Petersdom zu Rom die hl. Thérèse vom Kinde Jesus und vom hl. Antlitz zur Kirchenlehrerin erklären werde.«[2]

In diesem Zusammenhang soll nicht unerwähnt bleiben, daß dieser Papst in Thérèse von Lisieux seit seinen jungen Jahren eine Heilige verehrt, die sein eigenes Leben, wie er in seiner Predigt in Lisieux am 2. Juni 1980 hervorhob, tief geprägt hat. Daher wundert es nicht, daß JOHANNES PAUL II. – wie bereits seine Vorgänger dieses Jahrhunderts – in seiner Verkündigung immer wieder die Gedanken und die Lehre von Thérèse hervorgehoben hat.

Am Schluß seines ausführlichen Apostolischen Schreibens *Divini Amoris Scientia* (Nr. 12) zur Proklamation der hl. Thérèse zur Kirchenlehrerin erklärte der Papst: »Heute, am 19. Oktober 1997, habe ich vor einer den Petersplatz dicht füllenden Menge von Gläubigen aus aller Welt in Gegenwart zahlreicher Kardinäle, Erzbischöfe und Bischöfe in der festlichen Eucharistiefeier Theresia vom Kinde Jesus und vom Heiligen Antlitz mit folgenden Worten zur Kirchenlehrerin proklamiert.« Und weiter:

---

[2] Eucharistiefeier – Angelus, Weltjugendtag in Paris, 24. August 1997, Nr. 3.

»Den Wünschen einer großen Zahl meiner Brüder im Bischofsamt und zahlreicher Gläubigen aus aller Welt entgegenkommend, nach Anhören des Gutachtens der Kongregation für die Selig- und Heiligsprechungsprozesse und nach Erhalt des Votums der Kongregation für die Glaubenslehre hinsichtlich der ›hervorragenden Lehre‹ erklären wir aus sicherer Kenntnis und nach reiflicher Überlegung kraft der vollen apostolischen Autorität die hl. Jungfrau Theresia vom Kinde Jesus und vom Heiligen Antlitz zur Kirchenlehrerin. Im Namen des Vaters und des Sohnes und des Heiligen Geistes.«

Wenn der Papst in seinem erwähnten Apostolischen Schreiben immer wieder auf die Bedeutung der Lehre der hl. Thérèse und auf »die universale Ausbreitung ihrer Botschaft« hinweist, dann kann es einen förmlich neugierig machen, was denn eigentlich die Lehre dieser – im doppelten Sinn des Wortes – jüngsten Kirchenlehrerin ist.

Hamburg, 4. Januar 2000 *Rudolf Stertenbrink OP*

I
WIE MAN MIT GOTT IN KONTAKT KOMMT

1 Wer hört, der lebt

Eines Tages fragte Rabbi Jehoschua ben Levi den Propheten Elijah: »Wann wird der Messias kommen?«

Elijah antwortete: »Geh doch zu ihm, und frage ihn selbst.«

Er ging zu ihm und grüßte ihn: »Friede sei mit dir, Meister und Lehrer!«

»Friede sei mit dir, Sohn Levis!« antwortete der Messias.

»Wann wirst du kommen, Meister?«

»Heute.«

Später beschwerte sich Rabbi Jehoschua ben Levi bei Elijah: »Der Messias hat mich angelogen. Er sagte, daß er heute kommen wird, und er ist nicht gekommen.«

Elijah aber sprach: »Du hast ihn nicht richtig verstanden. Er hat dir doch den Psalm 95,7 zitiert: ›Heute noch – wenn ihr nur auf seine Stimme hört‹.«[3]

Nehmen wir zu diesem Vers noch den nächsten hinzu: »Verhärtet euer Herz nicht wie in Meriba, wie in der Wüste am Tag von Massa!«

Wo immer ein Mensch sich verhärtet, verwelkt sein Leben. »Leben« bedeutet hingegen Aufblühen, Sich-Entfalten, Sich-Öffnen, Über-

---

[3] Jakob J. Petuchowski: Es lehrten unsere Meister. Rabbinische Geschichten, Freiburg i. Br. 1979, 131f (Neuausgabe: Freiburg i. Br. 1992).

winden, Wachsen, Sich-Wandeln. Wie lange leben wir also? Genau so lange, wie wir offen und aufnahmefähig sind für Gottes Wort. Daher der Ernst, der aus dem Psalmwort spricht: »Heute noch – wenn ihr nur auf seine Stimme hört.« Wo das geschieht, ist Gott im Kommen.

~

Bei MEISTER ECKHART findet sich dazu eine bedenkenswerte Stelle: »Gott wirkt danach, wie er Bereitschaft findet [...] Dafür finden wir ein Gleichnis in der Natur: Wenn man einen Backofen heizt und darein einen Teig von Hafer und einen von Gerste und einen von Roggen und einen von Weizen legt, so ist da nun nur eine Hitze in dem Ofen, und doch wirkt sie nicht gleich in den Teigen; denn der eine wird zu einem schönen Brot, der andere wird gröber, der dritte noch gröber. Und das ist nicht die Schuld der Hitze, es ist die Schuld der Materie, die da ungleich ist. Ebenso wirkt Gott nicht gleich in allen Herzen; er wirkt danach, wie er Bereitschaft und Empfänglichkeit findet.«[4]

Noch einfacher, genauer und tiefer hat Jesus über dieses Thema gesprochen. Er begann ungefähr so: »Das menschliche Herz gleicht einem sehr unterschiedlichen Ackerboden, in den der Same (d.h. das Wort Gottes) kommen soll.« Nicht zufällig nennt er in seiner Rede (vgl. Matthäus 13,1–9) zuerst die drei Gruppen, die sich dem Wort Gottes versagen.

Zur *ersten Gruppe* gehören jene, deren Herz wie ein festgetre-

[4] Meister Eckhart: Deutsche Werke. Bd. V: Meister Eckharts Traktate, hrsg. u. übers. v. Josef Quint. Traktat 3: Von Abgeschiedenheit, Stuttgart 1963, 544.

tener Weg ist. Die Körner, die auf einen solchen Weg fallen, werden bald von den Vögeln weggeholt. Bei Menschen dieser Art ist das innere Organ für alles Religiöse verkümmert. Die jenseitige Welt erscheint ihnen als etwas Unwirkliches.

Die *zweite Gruppe* meint die »Oberflächlichen«. Ihr Herz ist wie ein felsiger Boden mit wenig Erde. Das Korn geht sofort auf, doch die Saat verdorrt schnell unter der Sonne, weil sie keine tiefen Wurzeln bilden kann. Solche Menschen sind zwar aufgeschlossen und für alles Mögliche empfänglich. Aber sie lassen sich nicht wirklich berühren. Nichts schlägt Wurzeln. Es fehlt ihnen die Tiefe. Sie fliehen Widerstände und Kritik. Von IGNATIUS VON LOYOLA stammt das Wort: »Es ist eine Tatsache der Erfahrung, daß gerade dort, wo die heftigsten Widerstände auftreten, die größte Frucht zu erhoffen ist.« Dieser Überzeugung stimmen sie nicht zu. Stets suchen sie den leichteren Weg. Unstetigkeit und mangelndes Durchhaltevermögen sind Kennzeichen dieses Typs.

An *dritter Stelle* stehen die »Besiegten«. Sie sind den Dornen vergleichbar, in die das Saatgut fällt. Die Dornen wachsen und ersticken die Saat. Das heißt: Solche Leute haben ehrlich gerungen. Sie hatten Grundsätze und wollten danach leben. Das war keine Fassade und kein Tun-als-ob, sondern durchaus echt. Doch dann schob sich anderes in den Vordergrund, und das Religiöse verblaßte.

In jähem Wechsel stellt Jesus diesen drei Gruppen der Unaufgeschlossenen drei Gruppen der Aufgeschlossenen gegenüber: »Ein anderer Teil schließlich fiel auf guten Boden und brachte Frucht, teils hundertfach, teils sechzigfach, teils dreißigfach« (Matthäus 13,8). – Hier stehen an *erster Stelle* die »Hundertprozentigen«. Das sind die Ganzen und Ungeteilten, die Stilreinen, die Heiligen.

Sie haben Gott an die erste Stelle ihres Lebens gesetzt. Alles andere kommt danach. Äußerlich mögen sie viele Mißerfolge haben. Doch unter ihren Händen wächst alles für das ewige Leben.

Auch die *zweite Gruppe* mit den »Sechzigprozentigen« werden vom Herrn gelobt. Sie haben gekämpft; verwundet kehren sie aus den Lebensmühen zurück. Aber als die Kämpfenden gehören sie zu den Siegenden. Sie sind Ringende und Reifende. In ihrer Not und in ihrer Niederlage haben sie immer wieder auf Gott geschaut und sich an Gott gewandt. In diesem Sinn sagte mir einmal ein Mann: »Wenn ich am Ende meines Lebens vor Gott auch nicht als Sieger stehe, so doch wenigstens als Kämpfer.«

Selbst die *dritte Gruppe* mit den »Dreißigprozentigen« finden beim Herrn Anerkennung. Ihr Glaube war im Alltag ein Auf und Ab. Ihr religiöses Leben hatte seine Gezeiten, seine Fortschritte und Rückschritte. Helle Tage standen neben dunklen Nächten. Es war keineswegs selbstverständlich, daß alles zu einem guten Ende kam. Aber sie haben sich an Jesus gehalten. Im Vertrauen auf seine vergebende Liebe haben sie ihre Schuld immer wieder bekannt. Sie taten es im Vertrauen, daß Gott auch aus Schuld noch etwas Wertvolles zu schaffen vermag.

~

So stehen sich in der Rede Jesu die Gruppe der Verhärteten und die Gruppe der Empfänglichen gegenüber. Beide gleichen einem Ackerboden, auf den Gottes Saat fällt. Aber nicht beide sind geöffnet, ihn in sich aufzunehmen. Zu welcher Gruppe gehöre ich? Die Antwort vermittelt sich mir auf dem Weg ins Schweigen, denn vor allem im Schweigen öffnet sich die Seele für die Wahrheit. Im Schweigen reinigt sie sich von allem, was sie selbstsüchtig, hart und unempfänglich macht. Wer viel redet, stellt sich selbst in den Mittelpunkt, um sich zur Geltung zu bringen. Aber gerade so fällt er aus seiner Mitte heraus. Daher schreibt Thérèse von Lisieux in einem ihrer zahlreichen Briefe:

»Das Schweigen tut der Seele gut« (Lt 74/6.1.89).

Hinzu kommt, daß unbedachtes Reden der Seele die innere Wachsamkeit nimmt. Unter diesem Gesichtspunkt sagt Thérèse:

»Eine Seele ohne Schweigen ist wie eine Stadt ohne Schutz« (PA 359).

Ein alter Mönchsvater faßt es in folgendes Bild: »Wie die ständig geöffneten Tore des Bades sehr schnell die Wärme von drinnen nach draußen strömen lassen, genauso läßt der, der viel redet, seine innere Kraft durch die Türe der Stimme entweichen.« Damit geht jene Energie verloren, die es ermöglicht, eine gute Absicht auch in die Tat umzusetzen. Das findet durch ein Wort von SÖREN KIERKEGAARD seine Bestätigung: »Worüber ich rede, das tue ich nicht.« Aufgrund dieser Erfahrung erklärt GOETHE: »Was ich tue, darüber rede ich nicht.« Von hierher verstehen wir, warum Thérèse von Lisieux sagt: *»Wer das Schweigen pflegt, der bewahrt seine Seele«* (PA 359). Das heißt: Ohne Schweigen wird die Seele krank. Sie wird spröde und unfruchtbar. Daher haben viele Menschen heute das Schweigen als Heilmittel für ihre suchende Seele wieder entdeckt.

Für Thérèse war das Schweigen eine Grundhaltung ihres Lebens. Dafür spricht schon die Tatsache, daß von ihrer schweren Krankheit, die zu ihrem frühen Tod führte, selbst Pauline (Sr. Agnès de Jésus), die vertraute leibliche Schwester, erst nach Monaten erfuhr. Thérèse schwieg, um jenen Gott, der ohne Lärm von Worten unterrichtet, vernehmen zu können. Zudem war ihr bewußt, daß es Dinge gibt, *»die ihren Duft verlieren, sobald sie der Luft ausgesetzt werden«* (MsA, 35v). Deutlich empfand sie, daß die Seele mehr zum Schweigen als zum Reden geschaffen ist. Es ist das Schweigen, das uns die Ohren öffnet und uns zum Hören befähigt.

Beim Propheten Jesaja lesen wir: »Hört, dann werdet ihr leben« (55,3). Er hätte auch sagen können: Durch Hören kommen wir zum Leben. Das besagt zugleich: Wer nicht hört, weiß nicht, was Leben ist. Der Hörende vernimmt, was dem anderen, was Gott wichtig ist.

2 Das Kind in sich selbst entdecken

Wir sprachen von der Offenheit und der Empfänglichkeit des Menschen gegenüber Gott und seinem Wort. Beides erwächst aus dem Schweigen, das zum Hören befähigt.

Bemerkenswert ist nun eine Stelle, die sich in den »Erbaulichen Reden« von SÖREN KIERKEGAARD findet.[5] Darin geht es um die Frage, von wem wir dieses Schweigen und Hören lernen können. Die Antwort wird ein wenig überraschen. KIERKEGAARD verdeutlicht: Das uns von Gott vor Augen gestellte Vorbild für das hörende Schweigen und das schweigende Hören ist nicht zuletzt die Frau. Das ist für SÖREN KIERKEGAARD nicht verwunderlich; denn in der Weiblichkeit der Frau sieht er den Inbegriff für Frömmigkeit. Da aber das Schweigen vor Gott zur Weiblichkeit der Frau gehört, müssen wir es von der Frau lernen.

Mit dem schweigenden Hören verbindet sich zugleich der Glaube, der nicht mehr mißtrauisch oder zweiflerisch fragt: Warum? Wozu? Wie ist das möglich? Vielmehr spricht er wie Maria: »Siehe, ich bin die Magd des Herrn!« (Lukas 1,38). Wer so spricht, schweigt. Obwohl Maria die Worte nicht verstand, die ihr gesagt wurden, bewahrte sie diese in ihrem Herzen. Mit anderen Worten: Sie verlangte nicht danach, zuerst das Wort Gottes zu verstehen; vielmehr bewahrte sie das Wort schweigend in einem guten Herzen, abwartend, bis es in ihr aufgehe.

An Maria verdeutlicht sich darüber hinaus, wie ein Mensch mit einem tiefen und schweren Leid vor Gott zur Ruhe kommen

---

[5] Sören Kierkegaard: Erbauliche Reden 1850/51. (GTB 622), Gütersloh 1995, 5.

kann und auf diese Weise selbst im schweren Leid des Schweigens fähig ist. Schließlich erwähnt KIERKEGAARD die Schwester des Lazarus, die schweigend Jesus zu Füßen sitzt, um ihm still zuzuhören, wobei es um das Eine geht, das notwendig ist.

~

So sehr die Frau in der Bibel für schweigendes Hören, für Empfänglichkeit, für Frömmigkeit und Gottvertrauen steht, so sehr kennt die Bibel noch ein anderes Symbol für jene Offenheit, ohne die uns Gott nicht beschenken kann. Es ist das von der Bibel selig gepriesene Kind. Da das Kindsein im Zentrum der Spiritualität Thérèses steht, ist es angebracht, sich ein wenig in das Wesen des Kindes zu vertiefen.

In der BLAISE PASCAL (1623–1662) offensichtlich zu Unrecht zugeschriebenen *Abhandlung über die Leidenschaften der Liebe* steht nahezu am Anfang folgendes Wort: »Das Leben des Menschen ist entsetzlich kurz. Man rechnet es im allgemeinen vom Tag der Geburt an. Was mich betrifft, so möchte ich es erst vom Erwachen der Vernunft an rechnen, erst von da an, wo man beginnt, sich durch die Vernunft leiten zu lassen, was selten vor dem zwanzigsten Lebensjahr geschieht. Vorher ist man (nur) ein Kind ...«

In diesem Wort wird der Erwachsene mit seiner berechnenden Vernunft überschätzt und der Wert des Kindes mit seinem vertrauenden Herzen verkannt. Was BLAISE PASCAL betrifft, so ist zu sagen, daß er mehr und mehr das Vertrauen auf die eigene Erkenntnis verlor und nach einem Wort von ABBÉ BEURRIER, der seine letzte Beichte entgegennahm, »einfach wie ein kleines Kind« geworden war. Von wem auch immer jenes Wort stammen mag, sicher wird man sich kaum ein Wort denken können, das der Überzeugung der Heiligen von Lisieux mehr entgegengesetzt ist. Sie wollte nichts anderes, als vor Gott immer mehr ein Kind werden.

Das Kind weiß, daß es aus sich selbst nichts ist, nichts hat und nichts kann. Aus diesem Bewußtsein erwächst seine Blickrichtung, die das Kindlichste im Kind ist. Das Kind schaut nach *oben*, weil es alles von dort erwartet. So wird das kindliche Herz im Aufblick weit und hell. Dessen war sich Thérèse voll bewußt.

Je erwachsener ein Mensch wird, um so mehr besteht die Gefahr, daß sich seine Blickrichtung von oben nach unten verlagert und damit jedoch immer enger, dunkler und härter wird. Man denke an eine Stelle im Lukasevangelium: »Man brachte auch kleine Kinder zu ihm, damit er ihnen die Hand auflegte. Als die Jünger das sahen, wiesen sie die Leute ab. Jesus aber rief die Kinder zu sich und sagte: Laßt die Kinder zu mir kommen, hindert sie nicht daran! Denn Menschen wie ihnen gehört das Reich Gottes. Amen, ich sage euch: Wer das Reich Gottes nicht annimmt, als wäre er ein Kind, wird nicht hineinkommen« (18,15–17).

Weshalb haben die Jünger die Leute so schroff abgewiesen? Ob sie den Kontakt zum Kind in sich selbst verloren hatten? Immer gehen wir mit anderen so um, wie wir umgehen mit dem Kind in uns. Damit wird deutlich: Gesund ist ein Mensch, wenn das Kind in ihm lebt und Lebensraum bekommt; denn das Kindlichste im Kind ist zugleich das Menschlichste im Menschen. Wer ist es denn, der in uns glaubt, hofft, liebt, betet, vertraut? Wer ist es, der in uns weint und lacht? Es ist das Kind, das im Grunde unseres Herzens lebt. Daher: Entdecke das Kind in dir; denn dieses Kind ist der göttlichste Teil in dir, der Teil, der dem Schöpfer am meisten ähnelt. Und auch dies darf hier nicht übersehen werden: Wer sich ändern, wer wachsen und wahrhaft zu seinem Wesen hin reifen will, muß Kontakt mit dem Kind in sich aufnehmen und es zum Guten, zu Gott führen.

Im Grunde genommen haben wir auf diese Weise das Charakteristische »des Kleinen Weges der geistigen Kindheit« auf den Punkt gebracht. Darauf werden wir später genauer eingehen. Hier sei nur dies gesagt: Wer das Kind in sich selbst entdeckt und den kindlichen Aufblick zu seinem Wesensblick gemacht hat, der wird erlöst von der Anhänglichkeit an die Vergangenheit und von der Angst vor der Zukunft. So wird es ihm möglich, im »Heute Gottes« zu leben. Man müßte also das Kind in sich pflegen, indem man zum Unendlichen aufblickt, im Heute Gottes lebt und sich an das hingibt, was einem hier und jetzt aufgetragen ist.

～

Unter diesem Gesichtspunkt hat es Thérèse von Lisieux in den wenigen Jahren ihres irdischen Lebens zur Meisterschaft gebracht. Wer sich ihre Spiritualität zu eigen macht, fühlt in sich »die Sehnsucht nach Größe und Heiligkeit aufsteigen, die dem Umgang mit erlesenen Menschen folgt«.[6]

Im Mittelpunkt theresianischer Spiritualität steht das Wort vom Kindsein des Menschen vor Gott. Es ist die höchste und geheimnisvollste aller Beziehungen. Daher stimmt es zu sagen, Thérèse habe mit Kühnheit ins Licht gestellt, was es heißt, daß Gott das Kind in jedem Menschen bedingungslos liebt.

---

[6] A. Combes: Die Heilige des Atomzeitalters. Thérèse von Lisieux, Wien/München 1957, 241.

Wer sich zu diesem Vertrauen durchringt, für den wird das Evangelium zur Botschaft der Freude. Es läßt ihn das Große im Kleinen entdecken. Dies vermochte Thérèse, weil sie nicht denkt, sondern zuallererst sieht. Intuitiv erfaßt sie Zusammenhänge und formuliert sie in knapp bemessenen Sätzen oder treffsicheren Bildern. HANS URS VON BALTHASAR erklärt sogar: »Mir ist in neuerer Zeit kein heiliggesprochener Christ bekannt, der ein solches dichterisches Vermögen gehabt hätte wie Thérèse von Lisieux. Die Bilder sprudeln unter ihrer Feder nur so hervor, immer originell, immer ins Schwarze treffend. Sie illustriert damit ihre Lehre ..., die dadurch noch farbiger, verständlicher, anziehender wird.«[7] Das folgende Bild ist hierfür eine Bestätigung:

> »Seit einiger Zeit hatte ich mich Jesus angeboten, sein kleines Spielzeug zu sein. Ich sagte ihm, er solle sich meiner nicht wie eines wertvollen Spielzeuges bedienen, das die Kinder nur anschauen, sondern wie eines kleinen Balles, den er auf den Boden werfen, mit dem Fuß stoßen, durchbohren, in einer Ecke liegenlassen oder aber an sein Herz drücken könne« (MsA, 64r).

Solche Einfachheit ist nur möglich aufgrund eines unbedingten Vertrauens in das göttliche Du.

---

[7] Hans Urs von Balthasar: Der »kleine Weg«. Zum hundertsten Geburtstag der Thérèse von Lisieux am 2. Januar 1973, zit. in: Deutsche Tagespost, 5./6. Januar1973, 14.

3 Aus unseren Verbindungen erwächst unsere Zukunft

Was unserem Leben immer wieder eine gewisse Brisanz gibt, sind jene unvorhersehbaren Situationen, die uns die Augen für eine bislang verborgene Wahrheit öffnen. Nachdenklich fragen wir: Wer hätte das gedacht?

So ergeht es uns vor allem im Umgang mit Menschen, die wir zu kennen glauben. Es gibt beispielsweise Leute, die uns aufgrund ihrer äußeren Erscheinungsweise sympathisch sind. Daher fühlen wir uns ihnen verbunden. Doch dann kann es sein, daß wir eines Tages feststellen müssen, daß hinter ihrem Äußeren nichts Entsprechendes zu finden ist. Enttäuscht fragt man sich: Wer hätte das gedacht? (Vgl. hierzu MsA, 55v/56r).

Es gibt aber auch das Gegenteil: Wir begegnen Menschen, die wir für unbedeutend halten, die dann aber einen verborgenen Reichtum offenbaren, der uns zum Staunen bringt. Auf einmal geht uns auf: »Vieles glänzt nicht und ist trotzdem Gold.« Nachdenklich fragen wir auch hier: Wer hätte das gedacht? Ein solcher Mensch, der nicht verliert, sondern gewinnt, je intensiver man sich mit ihm befaßt, ist Thérèse. Ihr Leben zeigt, wie sich alles bis zum Unglaublichen hin ändern kann, wenn man sich Gott öffnet, sich vor ihm als Kind versteht und sich von seiner Liebe durchdringen und führen läßt.

~

Lisieux, ehemals ein altertümliches, etwas melancholisches Städtchen in der Normandie mit vielen spitzgiebeligen Fachwerkhäusern, war mit seinen etwas über 15 000 Einwohnern nicht sonderlich bekannt, bis es dann in aller Welt in Erscheinung tritt und nach Lourdes zum zweitgrößten Wallfahrtsort Frankreichs wird.

Am 2. Januar 1873 wurde in Alençon, 98 km südlich von Lisieux, als neuntes Kind einer Familie mit dem Allerweltsnamen »Martin« ein Mädchen namens Thérèse geboren. Der Vater war Uhrmacher und hatte ein Juweliergeschäft, die Mutter eine Spitzenfabrikation. Als Thérèse fünf Jahre alt war, starb die Mutter an Brustkrebs. Bald darauf zog der Vater mit seinen fünf Töchtern – zwei Jungen und zwei Mädchen waren frühzeitig gestorben – nach Lisieux, das dann in der Verbindung mit Thérèse zu Ruhm und Ansehen kommen sollte. Ein unscheinbarer Mensch ist es also, der einer kleinen Stadt weltweites Ansehen verschafft. – Wer hätte das gedacht?

Thérèse erhielt keine abgeschlossene Schulausbildung. Zunächst wurde sie von ihrer älteren Schwester PAULINE, die zu ihrer zweiten Mutter geworden war, unterrichtet. Mit neun Jahren besuchte sie als Halbtagsschülerin die Schule der Benediktinerinnen in Lisieux, die sie nach fünf Jahren wieder verließ, um von einer älteren Dame unterwiesen zu werden.

Man überdenke in diesem Zusammenhang auch ein Wort ihrer leiblichen Schwester CÉLINE, die nach dem Tod des Vaters ebenfalls in den Karmel eingetreten war: »Ihre Zurückhaltung war so groß, daß sogar ihre Verwandten sie für unbedeutend hielten und meinten, ›da sie zu jung ins Kloster gegangen sei, werde sich ihr ganzes Leben lang ein Bildungsmangel bemerkbar machen‹« (CS 132). – Und doch: Obwohl sie weder eine ausreichende Schulbildung noch theologische Kenntnisse besaß, hat sie der Theologie neue Impulse gegeben. Namhafteste Theologen beschäftigten und beschäftigen sich mit ihr. Und was keiner für möglich gehalten hätte: Am 19. Oktober 1997 erhob Papst JOHANNES PAUL II. sie zur Kirchenlehrerin und verlieh ihr damit den Titel »Ecclesiae universalis doctor« – Kirchenlehrerin.

Mit fünfzehn Jahren wollte sie ins Kloster gehen, in den Karmel von Lisieux, wo bereits ihre beiden älteren Schwestern MARIE und PAULINE eingetreten waren. Aber man verweigerte es ihr wegen ihres jugendlichen Alters. Deshalb sprach sie am 31. Oktober 1887 beim Bischof von Bayeux vor, ohne dort mehr zu erreichen. Wenige Tage später nahm sie mit ihrem Vater und ihrer Schwester CÉLINE an einer Pilgerfahrt nach Rom teil, die vom 4. November bis 2. Dezember 1887 dauerte. Anläßlich einer Audienz der Pilgergruppe bei Papst LEO XIII. am 20. November 1887 sprach Thérèse den Papst persönlich an: »Heiligster Vater, erlauben Sie mir, zu Ehren Ihres Jubiläums mit fünfzehn Jahren in den Karmel einzutreten.«

Der Generalvikar RÉVÉRONY (seit 1878 an der Seite des Bischofs HUGONIN), dem das Ansinnen des Mädchen bekannt war und der deshalb den Pilgern vor der Audienz verboten hatte, den Papst anzusprechen, fiel ihr ins Wort und erklärte dem Papst: »Heiligster Vater, es ist ein Kind, das mit fünfzehn Jahren in den Karmel eintreten möchte. Die Oberen prüfen gegenwärtig die Angelegenheit.« Diese Szene endete schließlich mit dem Hinweis des Papstes an Thérèse: »Sie werden eintreten, wenn der liebe Gott es will ...« Danach holten zwei Gardisten sie mit Gewalt von den Füßen des Papstes weg, wobei ABBÉ RÉVÉRONY ihnen half (vgl. MsA, 63r/63v).

Die auf diese Weise Abgewiesene wurde bereits 1923 selig- und nur zwei Jahre später heiliggesprochen. Im Jahre 1980 pilgerte

Papst JOHANNES PAUL II. nach Lisieux, um dieser jugendlichen Heiligen die Ehre zu geben.

Als Thérèse am 8. April 1888 in den Karmel eintrat, erklärte Msgr. DELATROËTTE, der Seelsorger des Karmel, der Priorin:

»Im Auftrag des hochwürdigsten Herrn Bischofs übergebe ich Ihnen dieses fünfzehnjährige Kind, dessen Eintritt Sie gewollt haben. Ich wünsche Ihnen, daß es Ihre Hoffnungen nicht enttäuscht; aber ich mache Sie darauf aufmerksam, daß Sie allein die Verantwortung dafür tragen, wenn es anders kommt, als Sie erwarten.« Es kam tatsächlich ganz anders. – Wer hätte das gedacht?

Bekannt ist die Anekdote, die IDA FRIEDERIKE GÖRRES wie folgt berichtet: »Vom Fenster ihres Krankenzimmers hört Thérèse in den letzten Monaten ihres Leidens, wie eine Nonne zur anderen sagt: ›Schwester Thérèse wird bald sterben. Was wird unsere Mutter Priorin in ihren Totenbrief schreiben können? Sie trat bei uns ein, lebte und starb – mehr ist wirklich nicht zu sagen.‹« – Dann nahm die *Geschichte einer Seele* ihren Lauf und wurde innerhalb kürzester Zeit in fast alle Weltsprachen übersetzt.

»Meine Grabstätte bedeutet mir wenig«, sagte Thérèse. *»Mag sie sein wo immer, was tut's? So viele Missionare sind im Magen von Menschenfressern begraben«* (CS 179f). – Heute ruhen die Gebeine der Heiligen in der ihr zur Ehre errichteten monumentalen Basilika, die 1937 von EUGENIO PACELLI, dem späteren Papst PIUS XII., eingeweiht wurde. Das kostbare Reliquiar wurde von Papst PIUS XI. gestiftet.

Die Familie wünschte sich immer einen Sohn, der einmal Missionar würde. Er ward ihr nicht geschenkt. – 1927 wurde jedoch Thérèse von Papst PIUS XI. zur Schutzpatronin der Missionen ernannt.

~

Wie ist dieser Werdegang vom Unscheinbaren und Unauffälligen zum Unübersehbaren, vom Nichts zum Alles zu erklären? Vielleicht erahnen wir hier ein wenig, wie das Wort von der »Vorsehung« zu verstehen ist.

Die Botschaft von der Vorsehung gehört mitten in die Verkündigung Jesu hinein. Sie besagt: Was immer in der Welt geschieht, wird durch die Liebe, die Weisheit und die Güte Gottes zum Heil des glaubenden Menschen gelenkt. Darüber hat Jesus besonders eindringlich bei seiner Bergpredigt (vgl. Matthäus 6,24–34) gesprochen. Dort ermuntert er seine Zuhörer, sich um Speise und Kleidung keine Sorgen zu machen, da der Vater im Himmel wisse, was der Mensch braucht. Sich darum zu ängstigen sei Eigenart der Heiden; der Glaubende hingegen vertraue und erfahre, wie der Vater sich um ihn sorgt.

Damit meint Jesus gewiß nicht, der Glaubende könne alles auf die Seite legen und in den Tag hineinleben, weil wunderbare Mächte sich um ihn kümmern. Vielmehr hat Jesus in seiner Lehre von der Vorsehung die ganze Wirklichkeit des Daseins vor Augen und übersieht keine ihrer Härten. Was Jesus sagen will, ist vor allem dies: Der lebendige Gott liebt jeden einzelnen in persönlicher Weise und trägt für ihn Sorge. AUGUSTINUS sagt es so: »Der dich gemacht hat, weiß auch, was er mit dir machen will.«

Die Bergpredigt verweist in diesem Zusammenhang auf die Vögel des Himmels. Ihnen spielt sich zu, was sie an Nahrung brauchen. Oder unser Blick wird auf die Blumen des Feldes gelenkt, die sich um ihre Schönheit nicht zu sorgen brauchen. Das hört sich alles zunächst wie ein frommes Märchen an. Doch es folgt alsbald ein Hinweis, der zeigt, welch tiefer Ernst hier im Spiel ist: »Trachtet zuerst nach dem Reich Gottes und nach seiner Gerechtigkeit, und das alles wird euch hinzugegeben werden« (Matthäus 6,33).

Dieses Wort verknüpft die liebende Vorsehung Gottes mit der gläubigen Gottverbundenheit des Menschen. Wo das Suchen des Menschen zuerst dem Reich Gottes und dessen Gesetzmäßigkeiten gilt, da fällt ihm wahrhaft alles andere zu. Was sich also im Leben eines Menschen tut und was darin geschieht, hängt davon ab, welchen Raum er darin dem Walten Gottes gibt. »Eine tiefere Kenntnis des Menschen zeigt denn auch, wie genau die innerste Gesinnung der Persönlichkeit, oft ihrer selbst ganz unbewußt, den Lauf ihres Schicksals bestimmt« (ROMANO GUARDINI).

Die Botschaft Jesu von der Vorsehung fordert somit dazu auf, daß wir die Sorge um das Reich Gottes zur ersten Sorge unseres Lebens machen. Dem korrespondiert zugleich und immer schon vorher die Sorge Gottes um uns und unser Heil. Mit diesen Hinweisen soll natürlich nicht gesagt sein, daß es nicht auch jene allgemeine Vorsehung gibt, der zufolge Gott alles, was in der Welt geschieht, in seinen Händen hält, auch dann, wenn sich der Mensch in keiner Weise um das Reich Gottes kümmert. Jesus ist der Garant dafür, daß Gott die Menschen und die Welt eben nicht sich selbst überläßt und tatenlos zuschaut.

Doch soll hier nur von jener Vorsehungsbotschaft die Rede sein, wie sie in der Bergpredigt zur Sprache kommt. Gerade sie ist uns wichtig, weil es das Geheimnis des Lebens von Thérèse ist, sich an der Stelle, wo sie steht, vor allem und zuerst um das Reich Gottes zu kümmern und sich dabei ganz dem Willen Gottes und seiner Führung zu überlassen. Daher seien einige Worte von ihr vermerkt, Schlüsselworte, die ihr Lebensgeheimnis unter dem Gesichtspunkt der göttlichen Vorsehung erahnen lassen:

»Die Ehre Jesu ist mein einziger Ehrgeiz, die meine überlasse ich ihm. Und wenn er mich zu vergessen scheint, nun, er ist frei; denn ich gehöre nicht mehr mir, sondern ihm ...«
(LT 103, 4(?). 5.90).

»Welche Verbindung, welche Zukunft« (LT 116, 7.9.90).

4 »Ich habe nur noch einen Wunsch, und das bist du«

Es gibt mehrere Möglichkeiten, das Eigentümliche, das Charakteristische eines Menschen zu erspüren. Einmal wenn man seine Träume meditiert; dann durch das Sich-Einlassen auf seine Handschrift. Bleiben wir zunächst bei dem, was Thérèse über ihre Träume sagt:

> »Ich frage mich, wie es möglich ist, daß ich den ganzen Tag an Gott denke und mich (trotzdem) mit ihm nicht mehr im Schlaf beschäftige ... Gewöhnlich träume ich von Wäldern, Blumen, Bächen und vom Meer, und fast immer sehe ich Kinder. Ich fange Schmetterlinge und Vögel, wie ich sie nie gesehen habe« (MsA, 79r).

Im Alter von vierzehn Jahren beschreibt sie in einer Stilübung das Haus ihrer Träume:

> »Wenn sich meine Träume eines Tages erfüllen, werde ich auf dem Land wohnen. Denke ich an meinen Plan, dann fühle ich mich im Geist in ein bezauberndes Häuschen versetzt oder in ein Chalet, das ganz in der Sonne liegt. Alle meine Zimmer schauen zum Meer; denn mein kleines Haus läge in einem Dorf am Strand des Meeres ... Mein Garten wäre ziemlich groß ... Hinter meinem Garten läge eine Wiese mit einem Stall. Mein Gewächshaus wäre immer voll der schönsten Blumen. Ich hätte ein kleines Boot, um von Zeit zu Zeit eine Spazierfahrt auf das Meer hinaus machen zu können« (LT, Bd. I, 183).

Vielleicht sind die folgenden Hinweise so etwas wie ein Schlüssel zu diesen Traumvorstellungen: Thérèse hatte eine außerordentliche Beobachtungsgabe, ein ungewöhnlich feines Gehör und ein ebenso ungewöhnlich ästhetisches Empfinden. In ihrer gläubigen Kindlichkeit erlebte sie die Welt als Schöpfung, in der alles tönt. Nicht nur »die Sonne tönt«, wie dies Goethe zum Ausdruck bringt, sondern jede Kreatur, vor allem Blumen, Tiere und Kinder. Thérèse versteht deren Sprache und hört deren Töne. Das läßt mich an ein vierzeiliges Gedicht von JOSEPH VON EICHENDORFF mit dem Titel *Wünschelrute* denken:

> »Schläft ein Lied in allen Dingen,
> Die da träumen fort und fort,
> Und die Welt hebt an zu singen,
> Triffst du nur das Zauberwort.«

In allen Dingen schläft ein Lied. Wir könnten es hören, hätten wir nur die Fähigkeit, es zu wecken. Wie aber macht man das? Wir müßten nur das Zauberwort treffen. Wem dies gelingt, der erlebt die Welt in einer ganz neuen Weise. Wenn das stimmt, dann ist dieses Zauberwort das wichtigste Wort unseres Lebens.

Ich las vor einiger Zeit von einer Gruppe, die sich an einem Sommerabend traf. Während des Gespräches stellte auf einmal jemand die Frage: »Was ist das wichtigste Wort in deinem Leben?« Die Antworten waren so verschieden wie die Gesichter um den Tisch. Zum Schluß blieb nur noch ein Student in den mittleren Semestern ohne Antwort. »Du hast noch nichts gesagt«, sprach man ihn an. Da holte er ein wenig Luft und sagte: »Das wichtigste Wort, das es für einen Menschen gibt, heißt DU.«

»DU« – das Zauberwort, welches das Lied in allen Dingen weckt. Das bedeutet: Wer wie ein Kind zu allen Dingen ein persönliches Verhältnis gefunden hat, macht die Erfahrung, wie alles auf ihn zukommt und sich ihm öffnet, um ihn an seinem inwendigen Geheimnis teilnehmen zu lassen. In seinen Erinnerungen »Sieh nach den Sternen – gib acht auf die Gassen«, schreibt JÖRG ZINK von der Zeit, da er sieben Jahre alt war: »Ich habe damals mit allem geredet, mit dem ich zusammenkam, mit Käfern und mit dem Moos, mit Steinen und Quellen. Es war alles lebendig, und ich selbst war nichts anderes als sie.«[8]

Das Empfinden Thérèses aber reicht noch tiefer; denn in allem und jedem spürt sie die Gegenwart des göttlichen DU, durch dessen Wort alles geschaffen wurde. Daher liegt für sie in allen Dingen eine Botschaft, so daß wir von allem etwas lernen können. Aus demselben Grund weisen alle Dinge über sich selbst hinaus. Sie sind Wegweiser zum Ewigen, das uns aus der Ferne grüßt. Wenn sich Thérèse vom Ewigen berührt fühlte, etwa beim Anblick des Meeres, der untergehenden Sonne oder der Kornfelder, dann bekam sie Heimweh. In solchen Augenblicken wollte sie mit sich selbst alleine sein; denn es waren Augenblicke, in denen sie von tiefsinnigen Gedanken erfüllt war und sich ins Meditieren, ins innerliche Gebet verlor. Von hierher verstehen wir auch ihr Wort:

»Immer hatte ich das Große und Schöne geliebt« (MsA, 46v).

---

[8] Jörg Zink: Sieh nah den Sternen – gib acht auf die Gassen, Stuttgart 1992, 72.

Was ist zu ihrer Handschrift zu sagen? Darüber sind sich die zahlreichen Graphologen einig. Ihre Urteile, die wir hier zusammenfassend wiedergeben, laufen immer wieder auf das Folgende hinaus: »Die Intelligenz ist die einer überragenden Persönlichkeit. Ein ausgesprochen männlicher Intellekt verbindet sich mit einer sehr sensiblen, weiblich tiefen Empfindung und mit einer ungewöhnlichen Anmut. Mit ihrem künstlerischen Lebensgefühl entdeckt sie liebevoll die Größe gerade im Kleinen. Die Welt ihrer Empfindungen ist reich und so eigenartig, daß man auf eine weibliche Originalität von außerordentlichem Rang schließen kann. Sie hat eine bewundernswerte Gabe, die Schönheiten der Natur unmittelbar zu erfassen. Ihre lyrische Begabung läßt sie intuitiv Bilder von hoher sprachlicher Ausdruckskraft finden.

Unverkennbar ist aber auch eine starke, nicht ungefährliche Ichbezogenheit und ein starkes Geltungsbedürfnis. Sie weiß, daß sie schön ist, und versteht es, sich schön zu machen. Dies tut sie nicht nur, um sich selbst, sondern auch anderen zu gefallen. Sie hat Freude, wenn man sie bewundert. Irgendwo im Hintergrund zu stehen, erträgt sie nicht. Sie möchte anerkannt werden. Die Menschen sollen sich irgendwie mit ihr beschäftigen. Würde sie nicht gegen diese Schwächen ankämpfen, so würde sie sich selbst in einem Kloster in den Mittelpunkt stellen.

Sie besitzt gute Umgangsformen und versteht es, sich zu präsentieren. Da sie immer nach einem Höchstmaß an Erfüllung strebt, wird sie manche Enttäuschung erleben. Ihre Willenskraft erlahmt rasch, wenn sich ihre Wünsche und Hoffnungen nicht verwirklichen lassen. Angst und Depressionen sind dann die Folgen ihrer Enttäuschung, die sich bis zur physischen Erkrankung steigern kann. Aufgrund ihrer Eindrucksfähigkeit kann jedes freudige oder schmerzliche Erlebnis sie aus dem Gleichgewicht bringen.«

Besondere Aufmerksamkeit verdient ein Hinweis, der sich in dem Buch *Das Senfkorn von Lisieux* von IDA FRIEDERIKE GÖRRES findet: »Ein geistlicher Graphologe, dem die Schrift von Thérèse vorgelegt wurde, äußerte sich, die Schreiberin hätte sich von Natur aus wohl zum Modell oder zum Mannequin geeignet. Dieses verblüffende Urteil bedeutet wohl nichts anderes als diesen Charakterzug – den intensiven Trieb, ›sich hinzubreiten und hinzuschenken‹, den auch eine andere Expertise nennt.«[9]

Die meisten Beobachtungen, die in diesen graphologischen Studien zum Ausdruck gebracht werden, finden sich auch im Schrifttum der Heiligen. Sie war sich ihrer Schwächen bewußt. Wir werden an späterer Stelle noch sehen, wie sie an sich arbeitete, um Herrin und nicht Sklavin ihrer Fehler und Schwächen zu sein. Im Gutachten eines römischen Graphologen, der lange Jahre bei Heiligsprechungsprozessen herangezogen wurde, findet sich eine Notiz, die uns die Richtung andeutet, in die sie mit der Arbeit an sich selber ging:

»In der Schrift der Schreiberin offenbart sich schließlich noch ein seltsamer Zug. Die meisten Wörter enden mit einem hauchdünnen, wie vergeistigten Zug, und zwar in drei verschiedenen Formen. Das eine Mal liegt dieser Schriftzug wie am Boden, das andere Mal steigt er zur Höhe empor und kehrt in einer feinen Wölbung wieder zurück, und das dritte Mal dehnt er sich aus wie eine Opferschale.

Wie ist dieses sonderbare Phänomen zu deuten? Immer wieder vereinigt sich die Schreiberin in ihren Gedanken mit dem Absoluten. Beim ersten Mal demütig und bittend; das zweite Mal sich

[9] Ida Friederike Görres: Das Senfkorn von Lisieux, Freiburg i. Br. 1958, 525.

freudig zu ihm erhebend, um dann wieder zu ihrer Arbeit zurück-
zukehren; das dritte Mal sich dem Absoluten aufopfernd, um seine Liebe zu empfangen. So erkennen wir aus diesen Schriftzeichen,
daß sich die Schreiberin dem Absoluten ständig verbunden fühlt.
Auf diese Weise ist sie bemüht, ihre Selbstbezogenheit, ihren Gel-
tungsdrang, ihre Sinnlichkeit dem Absoluten zu unterstellen, bald
flehend, bald liebend, bald sich ganz ihm schenkend« (ALOIS
AMREIN).[10]

~

Greifen wir auf jenen Hinweis zurück, die Schreiberin hätte sich von
Natur aus wohl zum Modell oder zum Mannequin geeignet. Nun
wurde aber aus der Schreiberin bekanntlich kein Modell, sondern
ein Vorbild, und auch kein Mannequin, sondern eine Heilige, »die
größte Heilige der neueren Zeit« (Papst PIUS X.).

Diese Tatsache zeigt, daß wir uns durch unsere Natur, durch
unsere Veranlagung oder durch unsere Triebkräfte nicht unaus-
weichlich in eine bestimmte Richtung hinein entwickeln müssen.
Oft sind wir ja versucht, für unser So-Sein unsere charakterliche Eigenart verantwortlich zu machen. Gewiß nimmt unser Charakter
auf unseren Entwicklungsgang einen tiefgreifenden Einfluß, aber
das bedeutet noch nicht, daß wir uns nur so und nicht anders entwickeln können. Unser Charakter liefert vielmehr das Material, aus
dem wir vieles gestalten können.

Wie gelang es Thérèse, nicht zur Gefangenen ihrer Natur, ihrer
Triebe und Leidenschaften zu werden? Sie versuchte, über sich

---

[10] Alois Amrein in einer persönlichen Expertise an den Autor.

selbst hinauszuwachsen. Dabei spürte sie, daß dies nicht oder nur schwer gelingt, wenn Gott nicht hilft. Aus dieser Erfahrung erwuchs ihre Sehnsucht:

»Ich habe nur noch einen Wunsch,
und das bist du, mein Gott« (RP 3).

Das ist ein gutes Gebet. Es zeigt, wie sehr Thérèse bestrebt war, Gott den ersten Platz in ihrem Leben einzuräumen. Dies entspricht dem ersten der Zehn Gebote. Wer es erfüllt, ist von der Heiligkeit nicht mehr weit entfernt. Gott an die erste Stelle seines Lebens setzen, was heißt das? Thérèse antwortet: Sich von Gottes Liebe gefangennehmen lassen:

»Ich will die Gefangene deiner Liebe sein« (LT 142/6.7.93).

So kann nur eine Verliebte reden. Thérèse war in Gott verliebt. Aus Liebe zu ihm nahm sie alles an, selbst alle Arten von Hirngespinsten, die ihr in den Sinn kamen.
»Ich will die Gefangene deiner Liebe sein« – das Bild ist treffend. Der Gefangene hat keinen eigenen Willen. Wer seinen Willen in einen kleineren Willen freigibt, wird klein. Wer ihn in den Willen Gottes freigibt, wird groß.

5 Sich von der ewigen Liebe
   magnetisieren lassen

Über Thérèse von Lisieux schrieb EDITH STEIN: »Mein Eindruck über die ›kleine Thérèse‹ war der, daß hier ein Menschenleben einzig und allein von der Gottesliebe bis ins letzte durchformt ist. Etwas Größeres kenne ich nicht, und davon möchte ich soviel wie möglich in mein Leben hineingeben und in das aller, die mir nahestehen.«[11]

Wie sehr dies stimmt, offenbart Thérèse in folgenden Worten:

> »Mein Gott, je mehr du geben willst, desto mehr steigerst du das Verlangen. Ich fühle in mir unermeßliche Wünsche, und vertrauensvoll bitte ich dich zu kommen, um mich in Besitz zu nehmen« (MA 317).

Mit diesen Worten bringt Thérèse zum Ausdruck, daß sie ganz Gott gehören will. Der Liebe Gottes restlos geöffnet, gibt es in ihr Gott gegenüber keinerlei Hindernisse. Für seine Liebe ist sie völlig durchlässig. Dies ist das Ergebnis eines rückhaltlosen Vertrauens. Indem sie der Liebe Gottes in nichts widersteht, macht sie überraschende Erfahrungen:

> »Gott ist viel gütiger, als du glaubst« (LT 191/12.7.96).
> »Gott ist liebevoller als eine Mutter« (MsA, 80v).
> »Für eine treu aufgenommene Gnade schenkte er mir eine Menge anderer dazu« (MsA, 48v).

---

[11] Edith Stein: Endliches und ewiges Sein. Versuch eines Aufstiegs zum Sinn des Seins. Werke Bd. II, Freiburg i. Br. 1950, 361.

Gott ist für Thérèse demnach nicht nur Vater, er ist zugleich auch Mutter. Er ist beides. Dafür liefert REMBRANDT ein einmaliges Zeugnis. Gemeint ist das Gemälde »Heimkehr des verlorenen Sohnes«, das um 1666/69 entstand. Das Auge des Betrachters fällt zunächst auf den Rücken des verlorenen Sohnes. Dessen Gesichtszüge bleiben ihm verborgen. Auf diese Weise überläßt REMBRANDT den Gesichtsausdruck des Heimkehrenden der Phantasie des Betrachters. Auf dem Rücken des Sohnes ruhen die beiden Hände des guten Vaters. Unzählige Menschengesichter und Menschenhände hat REMBRANDT gemalt. Hier, in einem seiner letzten Bilder, hat er das Gesicht und die Hände Gottes gemalt. Bald danach ist er gestorben. Vor allem auf die Hände des Vaters, die auf der Schulter des heimkehrenden Sohnes ruhen, konzentriert sich das Licht; auf sie konzentrieren sich die Augen der Umstehenden.

Wer ein wenig bei diesen Händen verweilt, wird alsbald bemerken, wie unterschiedlich sie sind. Die linke Hand des Vaters mit ihren gespreizten Fingern ist breit, männlich und kraftvoll. Sie scheint dem Sohn einen festen Halt zu geben. Völlig anders gibt sich die rechte Hand des Vaters. Sie ist fein und zart, sie packt nicht zu und hält nicht fest. Weich und tröstend ruht sie auf der Schulter des Sohnes. Es ist unverkennbar die Hand der Mutter. Zu diesen Händen des Vaters auf den Schultern der Sohnes bemerkt HENRI J. M. NOUWEN: »Der Vater ist ebenso Mutter wie Vater. Er berührt den Sohn mit einer männlichen und einer weiblichen Hand. Er hält, und sie streichelt. Er bekräftigt, und sie tröstet. Er ist wirklich Gott, in dem beides, Mannsein und Frausein, Vaterschaft und Mutterschaft, voll und ganz gegenwärtig ist.«[12]

---

[12] Henri J. M. Nouwen: Nimm sein Bild in dein Herz. Geistliche Deutung eines Gemäldes von Rembrandt, Freiburg i. Br. [7]1998, 116ff.

Dieser Gedanke war Thérèse tief vertraut; daran hat sie geglaubt. Weil sie Gott in diesem Sinn verstand, wußte sie sich von ihm stets väterlich und mütterlich geliebt. Daher ihre Empfehlung:

> *»Lassen wir uns vergolden durch die Sonne seiner Liebe«*
> (LT 89/26.4.89).

Gott wird uns magnetisieren, und Thérèse will nichts anderes als dies:

> *»Wie gerne möchte ich mich vom Herrn magnetisieren lassen«*
> (HA 1906, 282).

~

In den Werken der Heiligen finden sich zwei Erlebnisse, die zeigen, wie dies geschehen kann. Das erste Erlebnis ließ sie den Entschluß fassen, stets im Lichtstrahl der Gnade Gottes zu leben. Er erhellt und erwärmt unseren Weg und gibt ihm seine Richtung. Außerhalb dieses Lichtstrahls wird es dunkel und kalt und Gottes Wege verschwinden vor unseren Augen:

> *»Abends, zur Stunde, da die Sonne sich in der Unermeßlichkeit der Fluten zu baden scheint und einen Lichtstrahl vor sich herschickt, brach ich auf, um mich ganz allein mit Pauline auf einen Felsen zu setzen ... Lange betrachtete ich diesen Lichtstrahl, Bild der Gnade, den Weg erhellend, den das kleine Schiff mit dem anmutigen weißen Segel durchlaufen soll ... Neben Pauline faßte ich den Entschluß, mich niemals dem Blick Jesu zu entziehen«* (MsA, 22r).

Das zweite Erlebnis weckte in ihr die Absicht, sich der göttlichen Sonne auszusetzen, beispielsweise durch Gebet und Meditation:

> *»Indem ich mich ein wenig neigte, sah ich durch das Fenster (des Krankenzimmers) die untergehende Sonne. Sie warf ihre letzten Strahlen auf die Schöpfung, so daß die Gipfel der Bäume ganz vergoldet erschienen. Da sagte ich mir: Welch ein Unterschied, ob man im Schatten bleibt oder sich im Gegensatz dazu der Sonne der Liebe aussetzt! Dann erscheint man ganz vergoldet«*
> (DE 642/ 25.7.)

Diese Situationsschilderungen machen zugleich deutlich, was für Thérèse, die in allem ein Gleichnis sah, »meditieren« bedeutet: (1) etwas genau anschauen, (2) sich von ihm ansprechen lassen, (3) einen festen Entschluß fassen.

$\sim$

Um uns seine Liebe zuzutragen, bedient sich Gott zunächst einmal der Menschen, denen er uns anvertraut. Daher ein kurzer Blick in das Elternhaus der Heiligen. Ihr Elternhaus hatte zwei Seiten: Thérèse lebte in einer wohlhabenden Familie, in der die Mutter dominierte. Thérèse wurde sehr verwöhnt. Dadurch verstärkten sich ihre eher dunklen Eigenschaften, an denen es ihr keineswegs fehlte: In ihren jungen Jahren war sie sehr selbstbezogen, egozentrisch, empfindlich, stolz und eifersüchtig:

> *»Als ich merkte, daß Céline eine unserer Lehrerinnen liebte, wollte ich es ihr nachmachen. Da ich jedoch nicht verstand, die Gunst der Menschen zu gewinnen, hatte ich damit keinen Erfolg. O*

glückliches Unvermögen, wie viele Nöte hat es mir erspart!«
(MsA, 38r).

Hinzu kam ihr Platz in der Geschwisterfolge. Sie die »Letzte«. Wie viele unterschiedliche Betonungen läßt dieses Wort zu! Die Letzten wollen aber nicht selten die Ersten sein. Thérèse wurde in der Tat die Erste. Doch Thérèse wählte einen Weg, der zu einer ganz anderen Ebene führte. Sie wollte eine große Heilige werden. Auf diesem Weg konnte sie ihre Strebsamkeit, ihren Ehrgeiz, ihr Verlangen nach Größe sowie ihre Gottesliebe ungeteilt zum Einsatz bringen.

In den Aufwind Gottes kam sie durch das Gute, das sie in ihrem Elternhaus erlebte. Sie erlebte Eltern, die sich gut verstanden und ihren Kindern Geborgenheit schenken konnten. So fand sie etwas ganz anderes als jenes gleichaltrige Mädchen, das auf seinem weihnachtlichen Wunschzettel ihre Eltern an erster Stelle bat: »Ich wünsche mir, daß Ihr euch nicht immer streitet.«

Daß Gott selbst negative Erfahrungen in positive verwandeln kann, konnte Thérèse in ihrem Leben immer wieder erfahren:

»Mein empfindsames und liebendes Herz hätte sich leicht hingegeben, hätte es ein Herz gefunden, das fähig gewesen wäre, es zu verstehen ... Ich suchte Freundschaft mit Mädchen meines Alters, vor allem mit zweien von ihnen. Ich liebte sie, und sie liebten mich ihrerseits, soweit sie dazu fähig waren. Doch wie eng und unbeständig ist das Herz der Geschöpfe ... Schon bald erfuhr ich, daß meine Liebe nicht verstanden wurde. Eine meiner Freundinnen mußte nach Hause zurück und kam erst einige Monate später wieder. Während ihrer Abwesenheit hatte ich an sie gedacht und

bewahrte sorgfältig einen kleinen Ring auf, den sie mir geschenkt
hatte. Als ich meine Gefährtin wiedersah, war meine Freude groß.
Doch welche Enttäuschung! Ich erhielt nur einen gleichgültigen
Blick ... Meine Liebe war nicht verstanden worden. Ich fühlte es,
und ich bettelte nicht um eine Zuneigung, die man mir versagte.
Doch Gott hat mir ein so treues Herz geschenkt, so daß es immer
liebt, wenn es einmal in echter Weise geliebt hat [...] Wie dankbar
bin ich Jesus, daß er mich ›nur Bitterkeit in den Freundschaften die-
ser Welt‹ finden ließ. Mit einem Herzen wie dem meinen hätte ich
mich einfangen und mir die Flügel beschneiden lassen. Wie wäre
es mir dann noch möglich gewesen, ›zu fliegen und zu ruhen‹
(Psalm 54,7)« (MsA, 38r).

Thérèse machte einige Erfahrungen solcher Enttäuschungen, die
ihr dennoch sehr wichtig waren:

> *»Wer auf Erden kennt uns vollkommen, und von wem sind wir*
> *vollkommen geliebt?«* (CS 164).
> *»Wie sehr kennt Gott ganz allein den Abgrund des menschli-*
> *chen Herzens ... Wie kurz sind die Gedanken der Menschen?«*
> (MsC, 19v).
> *»Wie oft erklärte uns unser geliebter Vater: ›Gott läßt sich niemals*
> *an Großmut übertreffen‹«* (LT 185/8.3.[?]94).
> *»Wie groß muß notwendigerweise eine Seele sein, um einen*
> *Gott zu umfassen!«* (LT 165/7.7.94).

Thérèse, die die Gefangene der Liebe Gottes sein wollte, sagt
dann:

> *»Dreifaltiger Gott, du bist der Gefangene meiner Liebe«* (PN 17,2).

II

DIE GRÖSSE DES
»KLEINEN WEGES«

6 Du trägst das All und denkst an mich

In Köln lehrte von 1919 bis 1928 der namhafte Philosoph MAX
SCHELER. Ohne ihn geringzuschätzen, schreibt WALTER NIGG
über ihn: »Doch war der Kölner Philosoph ein in seinem Charakter nicht gefestigter Mann, ein Mensch, in dem es brodelte, der sich
treiben ließ und sich selbst nicht in der Hand hatte. Sein törichter
Wunsch, in Berlin die Dekadenz zu studieren, wurde ihm zum
Verhängnis. Er war den Vitalstürmen nicht gewachsen, und sie trie-
ben ihn weit weg vom Christentum. SCHELER selbst beschönig-
te sein Versagen mit den geistreichen Worten, man könne von
einem Wegweiser nicht verlangen, daß er den Weg selbst gehe.
Mit derartigen Äußerungen überspielte er seine Niederlage, während sie ihn in Wirklichkeit zur tragischen Gestalt machte.«[13]

»Man kann von einem Wegweiser nicht verlangen, daß er den
Weg selbst geht.« So mag ein Philosoph reden, aber niemals ein
Heiliger. Der Heilige zeichnet sich gerade dadurch aus, daß er
den Weg, den er zeigt, vor allem selber geht und erst dadurch für
andere zum Wegweiser wird. Der Weg, den ein Heiliger zeigt, ist
also im eigentlichen Sinne des Wortes ein Lebensweg.

Dies verdeutlicht sich im Hinblick auf Thérèse. Gerade durch
ihren sogenannten »Kleinen Weg« ist sie weltberühmt geworden.

---

[13] Walter Nigg: Was bleiben soll. Olten/Freiburg i. Br. 1973, 186.

»Klein« nennt sie ihren Weg deshalb, weil ihn jeder gehen kann. Doch müssen wir sofort hinzufügen, worauf WALTER NIGG mit der ihm eigenen Treffsicherheit aufmerksam macht: »Dieser Weg, den sie lehrte, ist nur scheinbar klein, und man macht sich keiner geistlichen Taschenspielerei schuldig, wenn man ihn als sehr groß bezeichnet [...] Mit ihrer Lehre vom kleinen Weg hat Theresia eine neue Art von Heiligkeit gefunden, die den Heroismus in das Gewand des Unscheinbaren kleidet. Eine neue Bahn hat sich eröffnet, der für die moderne Heiligkeit ungeahnte Bedeutung zukommt.«[14] Der kleine Weg, um den es hier geht, ist so groß, daß Papst PIUS XI. in seiner Rede bei der Heiligsprechung Thérèses am 17. Mai 1925 sagen konnte: »Wenn dieser Weg allgemein beschritten würde, wie leicht vollzöge sich dann die Wandlung zum Besseren in der menschlichen Gesellschaft.«

~

Es drängt sich nun die Frage auf, was denn das Besondere, das Charakteristische an diesem Weg ist. Thérèse geht nicht von einem »Gottesbegriff« oder von einer »Gottesidee« aus. Am Anfang ihres Weges steht vielmehr eine »Gotteserfahrung«. Sagen wir es genauer: Es sind in Wirklichkeit zwei gegensätzliche Erfahrungen, die sie auf ihren Weg brachten. Diese Erfahrungen faßt Thérèse in die Worte:

»Du trägst das All und schenktest ihm das Leben;
und dennoch dachtest du an mich« (PN 24,6).

[14] Walter Nigg: Große Heilige, Zürich 1947, 517.

»Du trägst das All und denkst an mich!« Daß Gott das All trägt –
diese Überzeugung wuchs aus ihrer naturalen Betrachtungsweise.
Ernährt wurde sie durch ihr tiefes Einfühlungsvermögen, durch das
sie das Lied erspürte, das in allen Dingen ist:

»Wenn ich Gott nicht sehe, strahlende Natur,
dann bist du für mich nichts anderes
als ein riesiges Grab« (PN 23,3).

Dann hat der Tod das letzte Wort; dann ist unser Leben nichts anderes als ein Sein zum Tode. Die Natur war für Thérèse hingegen
ein Abbild der Größe und Macht Gottes. Besonders das Meer, das
sie zum ersten Mal 1878 in Trouville erlebte, und die Berge, die sie
anläßlich ihrer Pilgerfahrt nach Rom 1887 in der Schweiz ken-
nenlernte, beeindruckten sie nachhaltig. Die folgende Beschrei-
bung vermittelt uns eine Ahnung von ihrer außerordentlichen
Beobachtungsgabe:

»Bevor wir die ›Ewige Stadt‹, das Ziel unserer Pilgerfahrt, erreich-
ten, durften wir noch viele Wunderwerke bestaunen. Da war
zunächst die Schweiz mit ihren Bergen, deren Gipfel sich in den
Wolken verlieren, ihren anmutigen Wasserfällen, die auf tausen-
derlei Weisen herabstürzen, ihren tiefen Tälern voll riesiger Farn-
kräuter und rosigem Heidekraut [...] Wie gut taten meiner Seele die
Schönheiten der Natur, in solch verschwenderischer Fülle ausge-
breitet! Wie wurde dadurch mein Herz zu dem emporgehoben, dem
es gefiel, solche Meisterwerke über einen Ort der Verbannung
auszuschütten [...] Der Anblick all dieser Schönheiten regte meine
Seele zu tiefen Gedanken an. Mir war, als begreife ich schon jetzt,
wie groß Gott ist und wie wundervoll der Himmel (...) Im Anblick

all der Größe und Macht werde ich meine unbedeutenden kleinen
Angelegenheiten leicht vergessen, denn ihn allein will ich lieben«
(MsA, 57v/58r).

Dieser letzte Hinweis offenbart, wie sehr Thérèse unter ihren Problemen gelitten hat. Zugleich zeigt er einen Weg der Problemlösung: seine kleinen Schwierigkeiten vergessen im Anblick von Großem und Schönem. Wenn Thérèse sagt, sie habe in ihrem Leben immer das Große und Schöne geliebt, so hat sie sich dorthin entwickelt, weil sie in der Hingabe an das Große und Schöne eine Möglichkeit ihrer Problemlösungen erkannte.

Wie heilsam eine solche Betrachtungsweise ist, zeigt C. G. JUNG. Er beschreibt, wie Patienten ihre nahezu unlösbaren Probleme dadurch überwanden, daß sie durch die Entwicklung einer neuen Bewußtseinsebene über sie hinauswuchsen. In *Das Geheimnis der Goldenen Blüte* heißt es: »Irgendein höheres und weiteres Interesse trat in den Gesichtskreis und durch diese Erweiterung des Horizontes verlor das unlösbare Problem die Dringlichkeit. Es wurde nicht in sich selbst logisch gelöst, sondern verblaßte gegenüber einer neuen und stärkeren Lebensrichtung.«[15]

In der Betrachtung des Meeres machte Thérèse ähnliche Erfahrungen:

»Nie werde ich den Eindruck vergessen, den das Meer auf mich machte. Ich konnte nicht anders, als es unaufhörlich anschauen.

---

[15] C. G. Jung: Das Geheimnis der Goldenen Blüte, München 1929, 21; zitiert nach: Anthony Storr, C. G. Jung. (dtv-TB 988), München 1974, 108.

Seine Majestät, das Donnern seiner Wogen, alles sprach zu meiner
Seele von der Größe und Macht Gottes« (MsA, 21v).

Von solchen Eindrücken emporgehoben, lernte Thérèse die biblischen Bilder verstehen: »Wer mißt das Meer mit der hohlen Hand
[...] Seht, die Völker sind wie ein Tropfen am Eimer. Sie gelten soviel wie ein Stäubchen auf der Waage. Ganze Inseln wiegen nicht
mehr als ein Sandkorn« (Jesaja 40,12.15). – »Tausend Jahre sind für
dich wie der Tag, der gestern vergangen ist« (Psalm 90,4). – »Was
ist der Mensch, daß du an ihn denkst, des Menschen Kind, daß du
dich seiner annimmst?« (Psalm 8,5).

Er ist ein Nichts, und dennoch wendet ihm Gott durch Jesus
Christus seine ganze Liebe zu. Das ist die Zusicherung der biblischen Botschaft. Nichts anderes als dies will die Bibel verkünden.
Und sie ruft dazu auf, an diese Liebe, die man nicht ergründen
kann, zu glauben.

~

Beim Evangelisten Johannes lesen wir das Wort: »Wir haben die Liebe erkannt und an die Liebe geglaubt, die Gott zu uns hat« (1 Johannes 4,16). Wer dieses Bekenntnis spricht und wahr-nimmt,
verspürt eine unbeschreibliche Freude.

Das Leben von Thérèse ist der lebendige Kommentar zu diesen
Worten. Ihr ganzes Leben, ihre ganze Lehre sind Ausdruck dieses
Glaubens. Der Glaube an die Liebe, die Gott zu jedem Menschen
hat, ist ihr tiefstes Geheimnis. Dieser Glaube erklärt alles, und
ohne ihn erklärt sich nichts. Ihr Leben ist daher das gelebte Evangelium. Sie hat Gott nie anders als »die Liebe« verstanden. Wie vie-

le Evangelisten gibt es also? So viele wie es Christen gibt. Mit anderen Worten: Unser Leben müßte ein gelebtes Evangelium sein.

Hier ist jedoch hervorzuheben, daß Gottes Liebe nicht nur den Menschen im allgemeinen gilt. Sie gilt jedem einzelnen in seiner unwiderruflichen Einmaligkeit. Thérèse formuliert es so:

> *»Wie die Sonne zugleich die Zeder bescheint und jede kleine Blume, als wäre nur sie auf der Erde, so wendet sich unser Herr jedem einzelnen so zu, als ob er seinesgleichen nicht hätte«* (MsA, 3r).

Diesen Gedanken finden wir bei Kardinal JOHN HENRY NEWMAN in seiner wohl schönsten und lebendigsten Entfaltung:

»Gott sieht dich, wer immer du auch seist, so wie du bist, persönlich. Er ›ruft dich bei deinem Namen‹ (Jesaja 43,1). Er sieht dich und versteht dich, wie er dich schuf. Er weiß, was in dir ist, all dein eigenes besonderes Fühlen und Denken, deine Anlagen und Wünsche, deine Stärke und deine Schwäche. Er sieht dich an deinem Tag der Freude und an deinem Tag der Trauer. Er fühlt mit in deinen Hoffnungen und Prüfungen. Er nimmt Anteil an all deinen Ängsten und Erinnerungen, an allem Aufstieg und Abfall deines Geistes. Er hat wahrhaft gezählt die Haare deines Hauptes und die Maße deiner Gestalt. Er umfängt dich rings und trägt dich in seinen Armen. Er hebt dich auf und setzt dich nieder. Er liest in deinen Zügen, ob sie lächeln oder Tränen tragen, ob sie blühen in Gesundheit oder welken in Krankheit. Er schaut zärtlich auf deine Hände und Füße. Er horcht deiner Stimme, dem Klopfen deines Herzens, selbst deinem Atem. Du liebst dich nicht mehr, als Er dich liebt. Du kannst nicht mehr zurückschrecken vor Leid, als ihm leid ist, daß du es trägst. Und wenn Er es dir auflegt, so ist es, als legtest du selbst es dir auf - wenn du weise bist –, zu größerem Heil.«[16]

Angesicht dieser Vaterliebe Gottes bleibt sich Thérèse stets bewußt:

> »... daß nichts in ihr geeignet war, seinen göttlichen Blick auf sich zu lenken, und daß allein seine Barmherzigkeit alles gewirkt hat, was in ihr recht ist« (MsA, 3v).

Überdenken wir in diesem Zusammenhang ein Wort des evangelischen Theologen JÜRGEN MOLTMANN, das sich in *Die ersten Freigelassenen der Schöpfung* findet: »Es ist doch alles umsonst‹, sagt der Nihilist und verzweifelt. ›Es ist wirklich alles umsonst‹, sagt der Glaubende und freut sich der Gnade, die es umsonst gibt, und hofft auf eine neue Welt, in der alles umsonst zu geben und zu haben ist.«

»Du trägst das All und denkst an mich!« Die Erfahrung von Gottes unendlicher Größe, – dazu das Erlebnis, von diesem Gott in seiner Nichtigkeit, mit seiner Nichtigkeit, ja wegen seiner Nichtigkeit unendlich geliebt zu sein, damit beginnt der »kleine Weg«, für Thérèse und auch für uns.

---

[16] In: Klassiker der Meditation: John Henry Newman, Zürich/Einsiedeln/Köln 1976, 48f.

7 Vor Gottes Größe
wir man immer kleiner

Wir haben das Charakteristische des »kleinen Weges« verdeutlicht. Es läßt sich, wie wir sahen, in die Worte fassen: »Du trägst das All und denkst an mich!« Erfahrung von Gottes unendlicher Größe, – dazu das Erlebnis, von diesem Gott durch Jesus Christus in seiner Nichtigkeit, ja gerade wegen seiner Nichtigkeit unendlich geliebt zu sein. Damit beginnt der kleine Weg zur Vollkommenheit und Heiligkeit des Menschen.

Thérèse geht ihn konsequent. Weil Gott so ist, deshalb ist ihr ganzes Bemühen darauf gerichtet, vor Gottes Größe immer kleiner zu werden, das heißt: vor Gott immer mehr ein Kind zu werden. Als die Heilige gefragt wurde, was das bedeute, antwortete sie:

»Es heißt, sein Nichts anerkennen, gleich einem kleinen Kind alles von seinem Vater zu erwarten [...]

Klein sein heißt auch, sich keineswegs [...] fähig halten, irgend etwas fertigzubringen [...]

Es bedeutet schließlich, sich niemals durch seine Fehler entmutigen zu lassen, denn Kinder fallen oft, aber sie sind zu klein, um sich dabei weh zu tun« (DE 308f/6.8.8).

Sagen wir es mit eigenen Worten: Immer mehr Kind zu werden vor Gott bedeutet *erstens*: erkennen, wie sehr man in seine natürlichen Schranken eingebunden ist und wie wenig man seine eigenen Schatten, wie immer diese aussehen mögen, überspringen kann. Es bedeutet *zweitens*: sich bewußt bleiben, daß man von sich selbst nichts, von der grenzenlosen Liebe Gottes hingegen alles erwarten darf.

Es bedeutet *schließlich*: sich niemals durch seine Fehler entmutigen lassen. Letzteres empfiehlt in seiner Regel auch BENEDIKT VON NURSIA, indem er sagt, wir sollten »an Gottes Barmherzigkeit nie verzweifeln« (IV, 74).

~

Von dieser Erkenntnis und diesem Willen bis in die Tiefe ihres Herzens durchdrungen, wirft Thérèse ihr »Nichts« rückhaltlos in das »Alles« der uferlosen Liebe Gottes. Was sie ihrer Cousine MARIE GUÉRIN in einem Brief schreibt, gilt unter abgewandelten Umständen für jeden Menschen:

>*»Marie, wenn Du nichts bist, darfst du nicht vergessen, daß Jesus alles ist. Deshalb mußt du dein kleines Nichts in sein unendliches Alles hineinverlieren und nur noch an dieses einzig liebenswerte Alles denken ...«* (LT 109/27.–29.7.1890).

In diesem Vertrauen ging Thérèse bis ans Ende. Das verdeutlichen folgende Worte:

>*»Lieben Sie Ihr Unvermögen, und Sie ziehen daraus mehr Nutzen, als vollbrächten Sie – von der Gnade getragen – schwungvoll heroische Taten, die Sie mit persönlicher Genugtuung und Überheblichkeit erfüllen würden«* (HA 1953, 208).

>*»Wenn ich falle, erkenne ich mein Nichts noch mehr, und ich sage mir: Was könnte ich fertigbringen, was würde aus mir, stützte ich*

*mich auf meine eigenen Kräfte? Ich verstehe sehr gut, daß der hl.
Petrus gefallen ist. Er stützte sich auf sich selbst, anstatt sich einzig und allein an Gottes Kraft zu halten ... Weil Jesus ihm seine
Schwachheit zu Bewußtsein bringen wollte, und das deshalb, weil
er die ganze Kirche, die voller Sünder ist, regieren sollte, mußte er
an sich selbst erfahren, was der Mensch ohne die Hilfe Gottes ver-
mag*« (DE 310f|7.8.4).

*»Auch wenn ich alle nur erdenklichen Verbrechen begangen hät-
te, ich verharrte doch immer im selben Vertrauen. Ich fühle, daß die
Unmengen von Beleidigungen einem Wassertropfen gleich wären,
der in einen Glutofen fällt*« (DE 254|11.7.6).

*»Von meinen Sünden hab ich keinen Eindruck mehr. Im Feuer
Gottes sind sie ausgelöscht*« (PN 17,6).

Man könnte fragen: Wie kommt die Heilige zu dieser Sicherheit?
Darauf hat Thérèse in einer recht originellen Weise selbst geant-
wortet:

*»Gott hat mit Sicherheit alle erdenklichen Vollkommenheiten,
aber, wenn ich so sagen darf, er hat zugleich eine große Schwäche:
Er ist blind! Und es gibt eine Wissenschaft, die er nicht kennt: Das
ist das Rechnen [...] Würde er genau sehen, und könnte er rechnen,
glauben Sie, daß er uns angesichts all unserer Schuld nicht ins
Nichts zurückfallen ließe? Aber nein, seine Liebe zu uns macht ihn
wirklich blind [...] Um ihn aber so blind zu machen und ihn daran
zu hindern, auch nur die kleinste Rechnung zu schreiben, muß man
es verstehen, ihn beim Herzen zu nehmen. Dort ist seine schwache Stelle*« (HA 1906,269f; PO 435f).

Sein Herz gewinnt, wer sich ihm bedingungslos anvertraut:

>*Was Jesus verletzt, was sein Herz verwundet, ist der Mangel an Vertrauen*« (LT 92/30.5.89).

>*Vertrauen wirkt Wunder*« (LT 129/8.7.91)

Welche Hoffnung ist damit jedem Menschen gegeben! Oft wird darauf hingewiesen, die meisten Menschen seien mit ihrer Lebensgeschichte unzufrieden. Gläubige Menschen ängstigt dabei die Frage, wie sie einmal vor Gott werden bestehen können? Dem folgt in der Regel die Meinung: Wenn ich mit meinem Leben noch einmal anfangen könnte, würde ich gewiß vieles anders machen. Dem entsprechend, schreibt der russische Dramatiker ANTON PAWLOWITSCH TSCHECHOW in einer seiner Erzählungen: »Ich denke häufig: Wie, wenn man das Leben noch einmal beginnen könnte? ... Wie, wenn das eine Leben, das man schon durchlebt hat, sozusagen ein erster Entwurf war, zu dem das zweite die Reinschrift bilden wird! Ein jeder von uns würde dann, so meine ich, bemüht sein, ... sich nicht ... zu wiederholen, zumindest würde er für sich selbst eine andere Lebensweise schaffen ...«[17]

Doch das Leben läßt sich nicht wiederholen. Kein Schritt ist rückgängig zu machen, keine vollzogene Entscheidung kann wieder umgestoßen werden. Nichts von dem, was wir gesagt und getan haben, kann ausgelöscht werden. Es fällt schwer, uns mit dieser Endgültigkeit abzufinden, das heißt unser Leben so anzunehmen, wie es geworden ist. Und außerdem: Gesetzt der Fall, wir

---

[17] Anton P. Tschechow: Drei Schwestern. (Reclam 4264), Stuttgart 1985, 19.

könnten unser Leben noch einmal wiederholen, woher nehmen wir die Gewißheit, daß wir es dann besser machen würden? Wie wohltuend ist es unter diesen Voraussetzungen, wenn uns gesagt wird, daß wir gar nicht noch einmal anzufangen brauchen; wir brauchen unser bisheriges Leben nur seiner barmherzigen Liebe anzuvertrauen. Dann ist uns geholfen, mag unser Leben auch noch so null und nichtig sein. Dafür gibt es im Werk der Thérèse ein aufmunterndes Bild (vgl. LT 226/9.5.97).

Es läßt sich mit folgenden Worten umschreiben: Man wirft uns Christen häufig vor, wir seien nichts als lauter Nullen. Und so ist es auch. Für eine Null ist es aber wichtig, wo sie steht. Stellt sie sich vor die Eins, so bleibt sie eine Null. Stellt sie sich jedoch hinter die Eins, dann bekommt sie einen Wert. Stellen wir uns also – wie der rechte Verbrecher es am Kreuz getan hat – hinter die Eins, die für uns Jesus Christus ist, so finden wir einen tiefen Frieden:

»Es ist der ruhige und heitere Friede des Schiffers beim Anblick des Leuchtturms, der ihn zum Hafen führt« (MsB, 3v).

Thérèse kann nicht anders als ihre Freude betend Gott mitzuteilen:

»Strahlender Leuchtturm der Liebe, ich weiß, wie man zu dir gelangt. Ich habe das Geheimnis gefunden« (MsB, 3v).

Es ist das Geheimnis, sein Nichts in einem grenzenlosen Vertrauen in das Alles der Liebe Gottes hinein zu verlieren.

8 Nur vor Gott erfahren wir, wer wir wirklich sind

Man hat die Lehre der hl. Thérèse mit der Lehre des Apostels Paulus, des THOMAS VON AQUIN und MARTIN LUTHERS verglichen. Man spürte ihre Einflußnahme auf das Werk des französischen Dichters GEORG BERNANOS auf. In seinem Apostolischen Schreiben *Divini Amoris Scientia* bezeugt Papst Johannes Paul II.: »Während des II. Vatikanischen Konzils kamen die Väter mehrmals auf ihr Beispiel und ihre Lehre zu sprechen« (Nr. 10).

Wenn man dies vernimmt, erhebt sich die Frage, wie so etwas möglich wurde. Die Antwort darauf findet sich an einer bedeutsamen Stelle im Matthäusevangelium, die wir vielleicht erst im Hinblick auf Thérèse verstehen: »In jener Zeit sprach Jesus: Ich preise dich, Vater, Herr des Himmels und der Erde, weil du all das den Weisen und Klugen verborgen, aber den Unmündigen offenbart hast. Ja, Vater, so hat es dir gefallen. Alles ist mir von meinem Vater anvertraut worden. Niemand kennt den Sohn, nur der Vater, und niemand kennt den Vater nur der Sohn und der, dem es der Sohn offenbaren will« (11,25–27).

Zu diesem Jesus-Wort sagt EUGEN DREWEMANN: »Jesus preist hier in einem Überschwang des Glücks Gott selig für jene Art von Wahrheit, die den Großen verborgen und nur den Kleinen offenbar ist ... Nur die Niedrigen, die ›Kleinen‹, die zerbrochenen Herzens sind, sind offen genug für Gott.«[18]

Sie wissen um ihre Schwachheit und vertrauen dennoch fest auf seine Liebe und Hilfe. Dessen war sich Thérèse bewußt.

---

[18] Eugen Drewerman in: CiG, Heft 27 (1987) 217.

Vor Gottes unendlicher Größe klein werden und klein bleiben, das ist *die erste Tugend des »kleinen Weges«.* Von ihr wurde ihr Selbstverständnis tief geprägt. Daher die Frage: Wie wird man klein vor Gott? Vor allem dadurch, daß man das Kleine liebt, weil Gott es liebt.

Wie sehr Thérèse mit ihrer Liebe zum Kleinen in der langen Tradition großer Geister steht, wird offenbar, wenn wir einen Blick in deren Leben werfen. »Wer gesammelt in der Tiefe lebt, sieht auch die kleinen Dinge in großen Zusammenhängen«, sagt EDITH STEIN. Mit diesem Wort könnte man das Lebensgeheimnis von Thérèse umschreiben. Dasselbe gilt von einem Wort, das FJODOR M. DOSTOJEWSKI in einem seiner Romane schreibt: »Wir wollen klein anfangen und es zu Großem bringen.«[19] Der Dichter MANFRED HAUSMANN zeigt, wie dies geschehen kann. Er erzählt von einem jungen Schauspieler, der sich ganz in eine nebensächliche Rolle hineingab und diese dann zur bedeutungsvollsten machte.[20]

Wer das Kleine mißachtet, hat auch für das Große keinen Sinn. Daher sagt AUGUSTINUS: »Im Kleinen treu sein ist etwas Großes. Willst du groß sein? Fang beim Kleinen an!« Was dies bedeutet, erfahren wir von FRANZ VON SALES: »Eine etwas nervöse Person fragte mich, was man für den Frieden tun kann. Ich antwortete: Fangen Sie damit an, die Türen etwas leiser zu schließen!«[21] Aus diesen Hinweisen können wir das Gebet formulieren: »Herr, leh-

[19] Fjodor M. Dostojewski: Schuld und Sühne, München 1977/1980, 418.

[20] Manfred Hausmann: Kleine Begegnungen mit großen Leuten, Neukirchen-Vluyn 1973, 105ff.

[21] Franz von Sales, zit. in: CiG, Heft 1 (1983) 6.

re mich im Kleinen das Große sehen und aus dem engen Raum, der mich umschließt, in deine Weite gehen.«

Dazu hat der frühere anglikanische Primas MICHAEL RAMSEY seine Priesterkandidaten vor der Ordination inspiriert. Das Ideal, das er ihnen vor Augen hielt, orientiert sich ebenso an den Worten und Forderungen des Neuen Testamentes wie an den Ansprüchen des modernen Menschen. Dazu braucht man nur die folgenden Worte auf sich wirken zu lassen: »Betrachten Sie unseren Herrn selbst. Inmitten einer weiten Welt mit ihren ausgedehnten Reichen, ihren gewaltigen Ereignissen und Tragödien widmete er sich einem kleinen Land, kleinen Dingen, einzelnen Männern und Frauen, verschwendete Stunden an die wenigen oder an den einen Mann, die eine Frau. In einem Land, wo es zugkräftige Bewegungen gab, schenkt unser Herr der einen Frau aus Samaria, dem einen Nikodemus, der einen Martha, der einen Maria, dem einen Lazarus, dem einen Simon Petrus viele Stunden; denn der unendliche Wert des Einen (des Kleinen) ist der Schlüssel zum christlichen Verständnis des Vielen (des Großen).«[22]

In diesem Zusammenhang zeigt sich auch, daß die Liebe zum Kleinen nichts mit Kleinlichkeit zu tun hat. Diese ist vielmehr die Eigenart des Strengen und Herrschsüchtigen.

～

Die Übung der Tugend des »Kleinseins« hilft nicht zuletzt allen, die von irgend etwas nicht loskommen, die ihre Alltagsprobleme dramatisieren, die sich selbst zu wichtig nehmen, denen es schwer

[22] Michael Ramsey: Worte an meine Priester, Einsiedeln 1972, 51.

fällt, beispielsweise über ein ihnen zugefügtes Unrecht, über eine von ihnen begangene Dummheit hinwegzukommen.

Während die Großen durch nüchterne Überlegung und Tugendkraft einfach über solche Angelegenheiten hinweggehen, ohne sich bei ihnen aufzuhalten und auf diese Weise die Schwierigkeiten hinter sich lassen, kommen die Kleinen davon oft nicht los. Wie gebannt stehen sie davor. Anstatt dauernd darüber nachzugrübeln, sollten sie – wie Thérèse sagt – die Widerwärtigkeiten aus den Augen verlieren und nicht mehr darüber nachdenken. Das ist möglich, wenn man einfach an etwas anderes denkt, das der Seele gut tut. Nur so läßt man sich von solchen Dingen nicht verrückt machen. Wie sehr ist dies aus dem Alltag gegriffen, und wie sehr gilt es gerade für sensible Naturen!

Es gibt aber auch Dinge, die wir aus eigener Kraft nicht meistern. Auch das können wir im Alltag oft genug erfahren. Wie oft begehen wir etwa dieselben Fehler? Wie oft kämpfen wir, ohne einen anhaltenden Sieg zu erringen? Wie oft fallen wir in alte, ungute Gewohnheiten zurück? Wie sehr quälen wir uns, in die Höhe zu kommen und fallen – gleich Sisyphos – wieder herunter? Wie schnell können wir dann den Mut verlieren und mit ihm alles Tugendstreben? Darauf antwortet Thérèse mit einem einfachen und schlichten Bild. Vielleicht muß man es eher ein Traumbild nennen:

>*Ich betrachte mich als einen schwachen, kleinen Vogel, der nur mit einem leichten Flaum bedeckt ist. Zwar kann er seine kleinen Flügel heben; doch liegt es nicht in seiner geringen Macht, in die Höhe zu fliegen ... Der kleine Vogel ist keineswegs betrübt. Mit kühner Hingabe harrt er aus und schaut zur göttlichen Sonne auf. Manchmal freilich fühlt er sich vom Sturm bedrängt. Dann fällt es*

ihm schwer zu glauben, daß es außer den Wolken, die ihn umge-
ben, noch etwas anderes gibt. Doch selbst dann hält er aus und faßt
das unsichtbare Licht, das sich seinem Glauben entzieht, ins Auge
... Eines Tages, das ist meine Hoffnung, wirst du, geliebter Adler,
deinen kleinen Vogel holen und mit ihm zum Brennpunkt der Lie-
be zurückkehren« (MsB, 4v/5r).

Dieser Vogel hat einen »Rufcharakter«, dem sich der Adler nicht
entziehen kann: Ich bin nichts, ich habe nichts, aber ich gehöre dir,
und darauf vertraue ich.

Wie schwer fällt es auch uns zu glauben, daß es über den dunklen Wolken einen blauen Himmel gibt, wenn außer den Wolken
nichts zu sehen ist? Doch bereits morgen kann es schon anders
sein.

Thérèse vertraut geduldig auf die Hilfe dessen, den Gott gerade zu
den Kleinen, Schwachen und Armen gesandt hat, um sie aus ihren
Nöten, aus ihren Fehlern und Schwächen, aus ihrer Schuld, die sie
gefangenhält, herauszuholen und sie in jene göttlichen Höhen zu
tragen, die wir aus eigener Kraft nicht erreichen können.

Immer tut Gott Großes an denen, die um ihre Kleinheit, ihre
Ohnmacht, ihre Armseligkeit und Vergeblichkeit wissen und sie im
Vertrauen auf Gottes Hilfe aushalten. Daß Gott zu seiner Zeit die
Wünsche der Kleinen erfüllt, ist eine Erfahrung, die Thérèse immer
wieder machen konnte. Denn sie trug in sich die Überzeugung, daß
Gott keine unerfüllbaren Wünsche eingeben kann. Hören wir,
was sie dazu sagt:

»Ich hatte immer danach verlangt, eine Heilige zu werden. Aber
wenn ich mich mit den Heiligen verglich, stellte ich immer fest, daß

zwischen ihnen und mir derselbe Unterschied besteht wie zwischen einem Berg, dessen Spitze sich in den Himmel verliert, und dem unauffälligen Sandkorn, das unter den Füßen der Vorübergehenden zertreten wird. Anstatt mutlos zu werden, sagte ich mir: Gott kann keine unerfüllbaren Wünsche eingeben, also kann ich trotz meiner Kleinheit nach Heiligkeit streben. Mich größer machen ist unmöglich. Ich muß mich ertragen, wie ich bin, mit all meinen Unzulänglichkeiten. Doch will ich das Mittel suchen, um auf einem kleinen, ganz neuen Weg zum Himmel zu kommen« (MsC, 2v/3r).

Thérèse wurde in ihrem Glauben an Gottes helfende Güte nicht enttäuscht. Es wurde ihr alsbald ein Weg gewiesen, der alle ihre Vorstellungen überstieg. Auf diesen Weg werden wir an späterer Stelle zu sprechen kommen.

Thérèse weiß genau, daß es nicht viele sind, die klein werden und klein bleiben wollen. Warum? Zu schnell glauben wir, wir seien »jemand«. Wir halten uns zu schnell für gescheit, klug und weise. Das aber ist es, was sich als Hindernis in den Weg Gottes zu uns stellt. Vielleicht gelingt es, damit alsbald anzufangen, uns in unseren eigenen Grenzen zu erkennen. Vielleicht kommen wir eines Tages so weit, daß es uns wirklich nichts mehr ausmacht, von anderen für ein »Nichts« gehalten zu werden. Das wäre der Augenblick, in dem wir dem Alles der Liebe Gottes am Nächsten wären.

9 Sich dem »heruntergekommenen Gott« einfach überlassen

Der evangelische Theologe RUDOLF SCHULZ hielt im Westdeutschen Rundfunk vor einiger Zeit eine Radioansprache, die er mit den Worten begann: »Unsere Sprache, verehrte Hörerinnen und Hörer, ist lebendig. Wie Kometen tauchen Modewörter am Sprachenhimmel auf. Bestimmte Redewendungen sind in aller Munde, andere Wörter sinken ab. Würde irgend jemand sie einmal gebrauchen, so wirkten sie altmodisch, abgestanden, antiquiert. ›Demut‹ ist ein solches Wort. Es hatte einst einen hohen Stellenwert. Aber das ist lange her. Unsere Umgangssprache hat das Wort ›Demut‹ gleichsam getilgt. Dem Sprachschatz des modernen Menschen gehört es nicht mehr an. Für das Wort ›Demut‹ besteht offensichtlich kein Bedarf mehr, weil es so etwas wie ›Demut‹ möglicherweise gar nicht mehr gibt. Sie ist auf der Müllhalde überwundener Lebenseinstellungen gelandet.«

Es stellt sich ernsthaft die Frage, ob für die Tugend der Demut wirklich kein Bedarf mehr besteht, ob es so etwas wie Demut gar nicht mehr gibt. Mir scheint, es ist nicht schwer zu zeigen, auf welcher Oberflächlichkeit eine solche Meinung beruht.

Zunächst verdeutlicht ein Text von AUGUSTINUS, also Worte aus alter Zeit, um welch »grundlegendes Phänomen« es hier geht. AUGUSTINUS erklärt: »Planst du, ein hohes Gebäude zu errichten, so sorge dich zunächst um das Fundament in der Tiefe. Und wer auch immer dies will und vorhat, die so schwere Last des Gebäudes darauf ruhen zu lassen, der legt das Fundament um so tiefer, je höher das Gebäude sein wird. Und das Gebäude – wenn es nun errichtet wird – erhebt sich in die Höhe; wer aber das Fundament ausgräbt, muß in die letzten Tiefen hinabsteigen. Also wird auch das Gebäude, bevor es in die Höhe wächst, in die Tiefe getrieben, und der Giebel nach der Grundlegung errichtet.«[23]

Dies ist ein grundlegendes Gesetz. Seine Bedeutung zeigt sich heute bei jedem Bau eines hohen Turms. Man denke hier nur an die Gesetze, die bei der Errichtung eines Fernsehturms von größter Wichtigkeit sind. Man denke etwa an den Kölner Fernsehturm, dessen dreigeschossige Turmkanzel sich in einer Höhe von 166 Metern befindet. Um in eine solche Höhe zu gelangen, mußten entsprechende Fundamente gelegt werden. Sie befinden sich in einer Tiefe von 10,52 Meter. Der Durchmesser beträgt 35 Meter und die Breite des Fundamentringes sieben Meter. Ohne ein solches Fundament könnte der Fernsehturm diese Höhe nicht verkraften. Er würde in sich selbst zusammenbrechen.

Aus dieser Zuordnung von Höhe und Fundament läßt sich das Grundgesetz formulieren. »Wer hoch hinaus will, der muß tief hinunter.« Das gilt nicht nur im Bereich der Technik; es gilt für jedes Leben, das hoch hinaus will. So lesen wir in einem Brief von JOHANN WOLFGANG VON GOETHE: »Die größten Menschen, die ich gekannt habe und die Himmel und Erde vor ihrem Blick frei hatten, waren demütig.«[24] Demut bedeutet in diesem Zusammenhang für GOETHE: sein Fundament in der Tiefe haben. Das heißt: Kein Mensch kann sich zu einer wirklichen Größe erheben, wenn er nicht in der Tiefe verwurzelt ist, wenn er nicht ein demütiger Mensch ist.

[23] Augustinus: PL 38, 441

[24] Goethe an J. K. Lavater, Ende Juli 1780, in: Josef Pieper: Über das Schweigen Goethes. Aus Goethebriefen notiert, München 1951.

»Wer hoch hinaus will, muß tief hinunter« – das gilt vor allem für die Heiligen. Auffallenderweise haben sie übereinstimmend in der Demut das Fundament ihrer Heiligkeit gesehen. So können wir sagen: Ohne Demut gibt es keine menschliche Größe. Daher kann es uns nicht wundern, daß Menschen von wirklicher Größe immer demütige und bescheidene Menschen gewesen sind, und so wird es auch in Zukunft sein. Wenn also die heutige Zeit der Demut keine Bedeutung beimißt, dann gibt sie damit zu erkennen, daß ihr an wirklicher Größe nichts gelegen ist.

~

Thérèse versteht die Demut als *die zweite Tugend des »kleinen Weges«*. Doch was bedeutet sie ihr näherhin? Thérèse antwortet:

»Mir scheint, Demut ist Wahrheit« (CS 19).

Was Wahrheit in diesem Zusammenhang bedeutet, ergibt sich, wenn wir den »kleinen Weg« bedenken, den wir bislang gegangen sind. Sie umfaßt Staunen, Erschrecken und Vertrauen: *Staunen* als das Echo des menschlichen Herzens angesichts der unfaßbaren Größe Gottes, die sich in der Vielfalt, dem Reichtum und der Schönheit seiner Schöpfung widerspiegelt, *Erschrecken* hingegen angesichts der eigenen Kleinheit, Kümmerlichkeit und Ohnmacht: »Was ist der Mensch, daß du an ihn denkst, des Menschen Kind, daß du dich seiner annimmst?« (Psalm 8,5).

Wer vor Gottes Größe seine Nichtigkeit erfährt, bleibt demütig, weil es sein festes Vertrauen ist, daß sich Gottes Größe in der Menschwerdung seines »heruntergekommenen Sohnes« seiner Nichtigkeit annimmt. Daher ist es das Geheimnis der Demut, wie Thérèse sie versteht, sich vom »heruntergekommenen Gott« ergreifen und sich von ihm emportragen zu lassen. Dieses Vertrauen bewahrt uns vor Selbstverachtung; es schenkt uns vielmehr Zuversicht und mit ihm jene Gelassenheit, sich dem »heruntergekommenen Gott« einfach zu überlassen.

Wie tief Thérèse in der Wahrheit der Demut verwurzelt war, wie wenig man sie deshalb »aus der Fassung« zu bringen vermochte, zeigt eine kleine Begebenheit, von der eine Schwester erzählt:

> *»Ein alte Mitschwester konnte nicht verstehen, daß sich Schwester Thérèse in so jugendlichem Alter mit den Novizinnen beschäftigte. Schonungslos ließ sie Schwester Thérèse ihre Gegnerschaft spüren, die sie ihr gegenüber empfand.*
>
> *Eines Tages, zur Zeit der Erholung, sagte sie ihr verletzende Worte, unter anderem, ›daß sie es nötiger hätte, sich selbst zu leiten, als sich um die Leitung anderer zu kümmern‹. Von weitem beobachtete ich genau den Vorfall. Ihre Miene hob sich deutlich von der leidenschaftlichen Miene ihrer Gesprächspartnerin ab, und ich hörte, wie sie ihr antwortete: ›Ach, Schwester, Sie haben vollkommen recht. Ich bin noch viel unvollkommener, als Sie glauben‹«* (PO 467).

Worin besteht also die Wahrheit der Demut? Sie besteht darin, daß man vor dem grenzenlosen Gott seine eigenen engen Grenzen erkennt und sich ihm in einem grenzenlosen Vertrauen einfach überläßt. Damit ist gesagt: Dem grenzenlosen Gott kann nur ein grenzenloses Vertrauen entsprechen. Daher sagt Thérèse:

»Durch die Demütigungen wurde ich gestärkt; deshalb freute ich mich über jede Gelegenheit, da ich gedemütigt wurde« (PA 194).

Diesem Wort zufolge fand Thérèse in der Einübung der Demut eine der Quellen ihres tiefen Glücks. Mit jeder Demütigung wurde sie tiefer in Gottes umfangende Arme gedrückt. Wie kommen wir zu solcher Demut? Auf dem Weg zum »letzten Platz«. Es ist der Platz, auf dem der »heruntergekommene Gott« zu finden ist. Thérèse war sich sicher, daß es auf dem Weg zu diesem Platz keine Verkehrsstauungen gibt:

»Das einzige, was nicht beneidet wird, das ist der letzte Platz ... Niemand wird ihn uns streitig machen« (LT 243/7.6.97).

Der heilige Pfarrer von Ars sagte einmal seinen Zuhörern: »Die Demut, die den Mut verliert, ist schlecht.« Warum? Weil ihr das Vertrauen auf Gottes barmherzige Liebe fehlt. Demut und Vertrauen gehören also von ihrem Wesen her zusammen; denn ohne das Vertrauen sinkt die Demut alsbald zur Mutlosigkeit herab. Daher sagt P. LIAGRE: »Demut und Vertrauen: manchmal bin ich versucht, auf diese beiden Worte die ganze Spiritualität der hl. Thérèse zurückzuführen.«[25] Aufgrund ihrer Demut kommt sie zur Erkenntnis ihrer Ohnmacht, Schwäche und Schuld. So bleibt sie sich bewußt, vor Gottes Größe ein Nichts zu sein. In ihrem fröhlichen Vertrauen aber wirft sie dieses Nichts hinein in das Alles der Liebe Gottes. Auch die schwerste Schuld hätte sie – wie wir sahen – davon nicht abhalten können.

[25] P. Liagre: Retraite avec Sainte Thérèse de l'Enfant-Jesus. Éditions des Annales, Lisieux o. J., 37.

An dieser Stelle erhebt sich noch einmal die Frage, wer in Wahrheit ein demütiger Mensch ist. Hier lautet die Antwort: Derjenige, der sich bewußt ist, daß ihm nichts zu eigen ist, was er nicht empfangen hätte. Diese Wahrheit verdeutlicht Thérèse durch einen biblischen Hinweis:

> *»Die Apostel arbeiteten ohne den Herrn die ganze Nacht und fingen keinen einzigen Fisch. Aber Jesus fand Gefallen an ihrer Arbeit. Er wollte ihnen zeigen, daß er allein uns etwas geben kann. Er wollte, daß die Apostel sich demütigen, (d.h. daß sie sich bewußt blieben, ohne ihn nichts tun zu können). Vielleicht hätte Jesus kein Wunder gewirkt, wenn Petrus einige Fische gefangen hätte. Aber er hatte keinen einzigen. Daher füllt Jesus alsbald sein Netz derart, daß es fast zerreißt. Das ist eben Jesu Charakter: Er gibt als Gott, doch verlangt er die Demut des Herzens«* (LT 161/26.4.94).

Demut des Herzens bedeutet in diesem Zusammenhang also: wissen, daß wir ohne den Herrn *nichts* zu tun vermögen.

Fassen wir die entwickelten Aspekte der Demut zusammen:

- Demut ist das Fundament der Heiligkeit.
- Demut ist Wahrheit.
- Demut ist die tiefe Überzeugung, daß wir ohne Gott nichts wirklich zu tun vermögen.

10 Hinter äußerer Armut kann sich innerer Reichtum verbergen

Daß sich das Glück nicht draußen, sondern in unserem Innersten befindet, ist eine Erfahrung, die von den großen Gestalten geistlichen Lebens immer wieder bezeugt wird. So lesen wir bei SÖREN KIERKEGAARD: »Wenn ein Araber in der Wüste plötzlich in seinem Zelt eine Quelle entdeckte, so daß er beständig Quellwasser im Überfluß hätte: Wie glücklich würde er sich preisen – so auch ein Mensch, der als sinnliches Wesen beständig nach außen gekehrt ist, in der Meinung, daß seine Glückseligkeit außer ihm liege, wenn er plötzlich nach innen gekehrt wird und entdeckt, daß die Quelle in ihm selbst liegt, und noch um wieviel mehr, wenn er die Quelle entdeckt, die das Gottesverhältnis ist.«[26]

In seinen *Bekenntnissen* schreibt AUGUSTINUS: »Spät habe ich dich geliebt, du Schönheit, so alt und doch so neu, spät habe ich dich geliebt. Siehe, du warst in meinem Inneren und ich war draußen und suchte dich dort.«

Wer diesem Glück im eigenen Inneren begegnen will, muß arm werden vor Gott. In solcher Armut sieht Thérèse *die dritte Tugend des »kleinen Weges«*. Sie beschreibt, zu welchem Glück man gelangen kann, wenn man sie gefunden hat. Zugleich zeigt sie, zu welcher Armut man kommen kann, wenn man das Glück in sich erlebt. Demzufolge nimmt unser Verlangen nach äußerem Reichtum in dem Maße ab, als wir Gott und in ihm das Glück in uns gefunden haben. Mit anderen Worten: Hinter äußerem Reichtum

---

[26] Sören Kierkegaard: Gebete, hrsg. v. W. Rest, Köln/Olten 1957, 7.

verbirgt sich nicht selten eine erschreckende innere Armut, oder sagen wir besser: eine innere Trostlosigkeit.

~

Thérèse hat schon sehr bald erfahren, daß das innere Glück keineswegs in äußerem Reichtum liegt:

> *»Reichtum schafft noch kein Glück ... Sehr deutlich habe ich erfahren, daß sich die Freude nicht in den Dingen findet, die uns umgeben. Sie findet sich im Innersten der Seele. Man kann sie genauso gut in einem Gefängnis wie in einem Palast besitzen. Der Beweis dafür ist, daß ich im Karmel, selbst inmitten der inneren und äußeren Prüfungen, glücklicher bin als in der Welt, wo ich von den Annehmlichkeiten des Lebens und vor allem von den Freuden des väterlichen Hauses umgeben war«* (MsA, 65r).

> *»Gott schenkt in den kleinsten wie in den großen Dingen bereits in diesem Leben denen das Hundertfache, die aus Liebe zu ihm alles verlassen (d.h. losgelassen) haben«* (MsA, 81v).

Hier klingt an: Um zu jenem inneren Reichtum und Glück zu gelangen, muß man sich in die Fähigkeit des Loslassens einüben, um auf vieles, letztlich auf alles verzichten zu können:

> *»Auf Erden soll man sich an nichts hängen, selbst nicht an die unschuldigen Dinge; denn man muß sie in dem Augenblick entbehren, da man am wenigsten daran denkt. Nur was ewig ist, kann uns zufriedenstellen«* (LT 421/21.2.88).

»Lösen Sie Ihr Herz von irdischen Sorgen, vor allem aber von den Geschöpfen; dann dürfen Sie sicher sein, daß Jesus das übrige tun wird« (LT 241/6.97(?)).

CÉLINE zu Thérèse:

»Wenn ich an all das denke, was ich noch erwerben muß!« »Sagen Sie lieber: Was ich noch verlieren muß! ... Jesus wird Ihre Seele in dem Maß mit Licht erfüllen, wie sie diese von ihren Unvollkommenheiten befreien« (CS 25f).

»Verlassen«, »verlieren« und »befreien« – was bedeuten diese Worte anderes als »loslassen«? Im Verlieren liegt unser Gewinn. Im Letzten geht es darum, sich selbst zu verlieren, dieses selbstsüchtige und ängstlich auf sich selbst bedachte Ich:

»Ich glaube, die Arbeit Jesu während dieser Exerzitien bestand darin, mich von allem zu lösen, was nicht er ist« (LT 78/8.1.89).

Nur wer alles losläßt, wird leer, und Gott wird seine Scheunen füllen. Solches Loslösen meint auch, daß man sich nicht um seine Zukunft sorgt:

»Sie sorgen sich wegen der Zukunft, als hätten Sie sie zu bestimmen. Jetzt verstehe ich Ihre innere Unruhe ... Alle Welt sucht ... die Zukunft zu erforschen ... Allein die ›Armen im Geiste‹ tun das nicht« (CS 30).

Damit deutet sich ein weiterer Gesichtspunkt der Armut an: Denn wenn wir alles losgelassen haben und so völlig arm geworden sind, können wir, wenn wir eines Tages vor Gott stehen, nur auf unsere leeren Hände schauen. Völlig arm geworden, ist Thérèse in der Lage, mit Leichtigkeit ihren Weg, den »kleinen Weg«, zu gehen:

> *»Man empfindet einen so tiefen Frieden, wenn man vollkommen arm ist und nur noch auf Gott bauen kann«* (DE 306f/16.8.4).

> *»Keine Freude ist mit jener zu vergleichen, die der wahrhaft Arme im Geiste genießt«* (MsC, 16v).

> *»Alles habe ich weggegeben! ... Leicht laufe ich.*
> *Ich habe nichts anderes als meinen einzigen Reichtum:*
> *Aus Liebe leben«* (PN 17,5).

$\sim$

Kleinsein, Demütigsein und Armsein – das sind die Tugenden des »Kleinen Weges«. Sie kommen nicht gerade dem entgegen, was der Mensch von Natur aus erstrebt. Um so verwunderlicher ist es, daß man gerade durch sie das tiefste Glück erfahren kann. Dieses von Gott geschenkte Glück wird von Thérèse so intensiv erfahren, daß sie es nicht in Worte fassen kann. Die irdische Sprache reicht nicht aus. Wir brauchen eine neue Sprache, die Sprache des Himmels, wollen wir diese von Gott geschenkten Erfahrungen zum Ausdruck bringen:

> *»Wie soll man über Dinge sprechen, die selbst der Gedanke kaum wiedergeben kann. Wie soll man über Tiefen sprechen, die sich in den geheimsten Abgründen der Seele ausbreiten!«* (LT 108/18.7.90).

»Ich fühle meine Ohnmacht, mit irdischen Worten die Geheimnisse des Himmels wiederzugeben. Wenn ich Seiten über Seiten aufgezeichnet hätte, würde ich feststellen, daß ich noch überhaupt nicht angefangen habe ... Es gibt so viele verschiedene Horizonte, so viele bis ins Unendliche gefächerte Schattierungen, daß mir einzig die Palette des himmlischen Malers nach der Nacht dieses Lebens die entsprechenden Farben liefern kann, um die Wunder zu malen, die er dem Auge meiner Seele enthüllt« (LT 1961/13(?).9.96).

III

GOTT VERGISST KEINEN MENSCHEN – DESHALB KÖNNEN WIR UNS SELBST VERGESSEN

11 Alles ist von Gott gefügt

An dieser Stelle kann ein kurzer Einblick in die verschiedenen Bereiche der menschlichen Seele hilfreich sein.

(1) Bereich der Sinnesfunktionen

(2) Bereich der Denkfunktionen

(3) Bereich der Gefühlsfunktionen

(4) Bereich der unbewußten Antriebskräfte

(5) Bereich des Persönlichkeitskerns

Diese kurze Skizzierung läßt uns die nachfolgenden Sätze von IDA FRIEDERIKE GÖRRES verstehen:

»Die Seele hat nicht nur diese helle oberste Schicht, sondern reicht in sehr dunkle Bereiche hinab, in die auch der erwachsene Mensch nur selten einen klaren Blick tut. Wer die eigene Seele nur ein wenig kennt, weiß Bescheid darüber, wie lange es dauert und welch tiefgreifende Umwandlungen es fordert, bis ein solches Loslassen wirklich vollzogen, nicht nur gemeint, gewollt, beschlossen und ausgesprochen ist – die Wurzeln eines Herzens, in ein anderes gesenkt und eingeschlungen, lassen sich nicht durch einen bloßen ›Willensakt‹ ausreißen. Und wohl um so weniger, je mehr das Verhältnis in unbeleuchteten, elementaren Wesensgründen ankert.«[27]

---

[27] Ida Friederike Görres: Das Senfkorn von Lisieux, Freiburg i. Br. 1958, 102.

Das alles gilt auch von Thérèse. Die Hineingabe ihres Nichts in das Alles der grenzenlosen Liebe Gottes vollzog sich nur langsam, und zwar auf einem schmerzvollen Weg.

Da ist zunächst das Ereignis, daß ihre Schwester PAULINE sie 1882 verläßt, um in den Karmel einzutreten. PAULINE war ihr zur zweiten Mutter geworden. »Oben« in ihrer Seele ist alles klar, gut und wertvoll. »Aber in der dunklen sprachlosen Tiefe des Blutes empören sich alle Gewalten der Natur maßlos und unversöhnlich gegen diese Beraubung. Und der Aufruhr der Seele wird so übermächtig, daß er sich zuletzt im Leibe Ausdruck und Beachtung erzwingt: in der Neurose.«[28]

Gegen Ende des Jahres 1882 – PAULINE war am 2. Oktober in den Karmel eingetreten – wurde Thérèse von einem Dauerkopfweh heimgesucht. Mehr und mehr gesellten sich Zittern, Weinen, heftige Erregungen, Krampfanfälle und Sinnesstörungen hinzu. All das war zuweilen so heftig, daß man ernstlich um ihren Verstand und sogar um ihr Leben bangen mußte: »Die Krisen folgten einander pausenlos«, berichtet ihre Schwester LÉONIE.

Thérèse wird aufgefangen durch das Lächeln der Gottesmutter am Pfingstfest, dem 13. Mai 1883. In Maria findet sie damit eine Mutter, ohne befürchten zu müssen, daß diese Mutter ihr genommen werden kann:

»Ich litt sehr unter diesem zwanghaften und unerklärlichen Kampf, und Marie litt dabei vielleicht noch mehr als ich. Nach vergeblichen Versuchen, mir deutlich zu machen, daß sie bei mir sei, kniete sie mit Léonie und Céline neben mein Bett, wandte sich dann zur Got-

---

[28] I. F. Görres, aaO., 102.

tes-Mutter und rief sie mit der Inständigkeit einer Mutter an, die um
das Leben ihres Kindes bittet. Marie erhielt, was sie begehrte. Da
sie auf Erden keine Hilfe fand, wandte sich Thérèse ebenfalls an ihre
himmlische Mutter. Sie bat sie von ganzem Herzen, sich doch
endlich ihrer zu erbarmen. Plötzlich erschien mir die hl. Jungfrau
schön, so schön, daß ich nie Schöneres gesehen habe. Ihr Antlitz
brachte eine unaussprechliche Güte und Zärtlichkeit zum Aus-
druck. Was aber bis zum Grund meines Herzens drang, das war das
entzückende Lächeln der hl. Jungfrau. Hierauf waren alle meine Lei-
den verschwunden. Ohne jede Anstrengung senkte ich die Augen
und sah Marie, die mich mit Liebe anblickte. Sie schien bewegt,
schien etwas von der Gnade zu ahnen, die mir die Mutter Gottes
gewährt hatte. Ja, ihr, ihren ergreifenden Gebeten verdankte ich die
Gnade des Lächelns der Himmelskönigin. Als sie meinen Blick un-
verwandt auf die Statue gerichtet sah, hatte sie sich gesagt: ›Thérè-
se ist geheilt‹« (MsA, 30r/30v).

Viele der großen religiösen Persönlichkeiten haben das Göttliche
in einer sie erschütternden und erschreckenden Weise erlebt.
Thérèse hingegen durfte es unaussprechlich milde erfahren. Das
heilende Lächeln scheint denn auch in allem gegenwärtig zu sein,
was von ihr ausgegangen ist. Durch dieses lösende Lächeln der
Gottesmutter wurde Thérèse befähigt, den unerträglichen Verzicht im Ich-Kern zu vollziehen. Sie ließ sich los und faßte über ihre
innere Leere hinweg nach der Hand der Gottesmutter. Es fällt
nicht schwer, sich vorzustellen, in welch inniger Weise sich Thérèse der Gottesmutter fortan verbunden fühlte:

»Sie ist mehr Mutter als Königin« (DEA 315/23.8.7).
»Das Herz einer Mutter versteht ihr Kind immer, selbst dann, wenn es nur stammeln kann« (MsA, 3v).

»Dein mütterlicher Anblick
vertreibt alle meine Ängste.
Er lehrt mich das Weinen,
er lehrt mich die Freude«
(PN 54,18).

»Ich begriff, daß ich ihr Kind war. Daher konnte ich sie nur noch mit dem Namen »Mama« ansprechen, denn dieser schien mir noch zärtlicher als der Name »Mutter«. Mit welcher Leidenschaft bat ich sie, mich immer zu beschützen« (MsA, 56v/57r).

Erwähnt sei noch, daß das letzte ihrer Gedichte Maria gilt. Ihre letzten niedergeschriebenen Worte notierte sie mit schwacher Hand auf die Rückseite eines kleinen Bildes, auf dem »Unsere Frau vom Siege« dargestellt war:

»O Maria, wäre ich die Königin des Himmels und du Thérèse, dann wollte ich Thérèse sein, damit du die Königin des Himmels bist!!! ... 8. September 1897« (PO 309).

∼

In all unseren Nöten können auch wir Hilfe bei Maria finden. Da wir alle in irgendeiner Weise angeschlagen sind, dürfen wir im Vertrauen zu ihr unsere Zuflucht nehmen. Wären wir »heil«, dann bräuchten wir sie nicht. Da ihre Hilfe vor allem im Lösen besteht, gilt sie als die Zuflucht der Kranken, Geplagten und Schwachen. Die Hilfe Marias besteht im Lösen. Wie dies zu verstehen ist, veranschaulicht ein Altarbild in der Kirche St. Peter am Perlach in Augsburg. Dieses Bild hat den Namen »Maria Knotenlöserin« und stammt aus der Zeit um 1700. Offensichtlich hatte JOSEF WEIGER[29] dieses Altarbild vor Augen, als er das folgende Gebet formulierte:

»Wenn man ganz verwirrt ist
Maria vom Knoten
zum erstenmal heut
warst du mir gebracht.
Maria vom Knoten,
wer horcht nicht darauf,
der Knoten sind viel,
die gehen nicht auf.
Maria vom Knoten,
wie tröstlich das klingt!
Es gibt eine Hand,
die Knoten entschlingt.
Maria vom Knoten,
den Knäuel hier schau,
ich bringt ihn nicht auf,
hilf heilige Frau!
Maria vom Knoten,
der Knäuel bin ich,
ins letzte verwirrt –
o erbarme dich!«

---

[29] Josef Weiger, zit. in: Anton Kner: Vielleicht können Sie so beten, Ulm 1977, 17.

12 Willst du glücklich werden,
   vergiß dich selbst

Die Heilungserfahrung vom Pfingstfest 1883 war nicht vollständig. Die »vollständige Bekehrung« stand noch aus. Sie ereignete sich in der Heiligen Nacht 1886, in jener Nacht, die auch für PAUL CLAUDEL zur »Nacht der Bekehrung« geworden ist.

»Der Anlaß ist so unscheinbar und beinahe lächerlich, daß man in der Darstellung sehr behutsam sein muß, um ihn selbst in keiner Weise ungebührlich zu vergrößern. In ihm spiegelt sich getreulich jener Wesenszug unserer Heiligen wider, das Göttliche im Alltäglich-Banalen zu empfangen und zu begreifen.«[30]

Thérèse äußert sich selbst über dieses Ereignis an zwei Stellen ihres Schrifttums:

> *»Ich weiß nicht, wie ich mich in dem wohltuenden Gedanken wiegen konnte, in den Karmel einzutreten, da ich noch so sehr in den Kinderschuhen steckte. Gott mußte ein kleines Wunder wirken, um mich in einem Augenblick wachsen zu lassen, und er wirkte dieses Wunder am unvergeßlichen Weihnachtsfest [...] In jener Nacht, in der er sich aus Liebe zu mir schwach und leidend machte, machte er mich stark und mutig [...]*
>
> *Es war am 25. Dezember 1886, da mir die Gnade zuteil wurde, der Kindheit zu entwachsen, kurz, die Gnade meiner vollständigen Bekehrung. – Wir kamen von der Mitternachtsmesse heim, wo ich das Glück hatte, den starken und mächtigen Gott zu empfangen. Als wir in den Buissonnets ankamen, freute ich mich darauf, meine Schu-*

---

[30] I. F. Görres, aaO., 138.

*he aus dem Kamin zu holen. Dieser alte Brauch hatte uns in unserer
Kindheit soviel Freude bereitet, daß Céline damit fortfahren wollte, mich wie ein kleines Kind zu behandeln, da ich nun einmal die
Jüngste der Familie war [...] Aber Jesus wollte mir zeigen, daß ich
mich von den Fehlern der Kindheit befreien sollte, und entzog mir
auch deren unschuldige Freuden. Er ließ es zu, daß Papa, ermüdet
von der Mitternachtsmesse, ärgerlich wurde, als er meine Schuhe
im Kamin stehen sah, und Worte sagte, die mir das Herz durchbohrten: ›Nun, gottlob ist es das letzte Jahr...‹ Ich stieg eben die Treppe hinaus, um meinen Hut abzulegen. Céline, die meine Emp-
findsamkeit kannte und Tränen in meinen Augen schimmern sah,
sagte: ›Thérèse, geh nicht hinunter, es wäre zu schmerzlich für
Dich...‹ Aber Thérèse war nicht mehr die gleiche. Jesus hatte ihr
Herz umgewandelt. Ich drängte meine Tränen zurück und eilte die
Treppe hinunter [...]*

*In einem Augenblick hatte Jesus vollbracht, was mir in zehnjähri-
ger Anstrengung nicht gelungen war. Er begnügte sich mit meinem
guten Willen, an dem es mir nie fehlte. Wie die Apostel konnte ich
ihm sagen: ›Herr, ich habe die ganze Nacht gefischt und nichts ge-
fangen‹ (Lukas 5,5). Noch barmherziger gegen mich als gegen seine Jünger nahm Jesus selbst das Netz, warf es aus und zog es ge-
füllt mit Fischen wieder ein. Er machte mich zum Seelenfischer. Ich
spürte ein großes Verlangen, an der Bekehrung der Sünder zu arbeiten [...] Ja, ich fühlte die Liebe in mein Herz einziehen, das Bedürfnis, mich selbst zu vergessen, um anderen Freude zu machen,
und von da an war ich glücklich«* (MsA, 44v/45v).

*»Die Weihnachtsnacht 1886 war tatsächlich für meine Bekehrung
entscheidend. Um sie aber noch genauer zu kennzeichnen, muß
ich sie die Nacht meiner Bekehrung nennen. In dieser gesegneten*

Nacht [...] hatte Jesus, der aus Liebe zu mir ein Kind wurde, die Güte, mich von den Windeln und Unvollkommenheiten der Kindheit zu befreien. Er formte mich derart um, daß ich mich selbst nicht mehr wiedererkannte. Ohne diese Umwandlung hätte ich noch viele Jahre in der Welt zubringen müssen. Die hl. Teresa, die zu ihren Töchtern sagte: ›Ich will, daß ihr in nichts Frauen seid, sondern in allem starken Männern gleicht‹, hätte mich nicht als ihr Kind anerkennen wollen, wenn mich der Herr nicht mit seiner göttlichen Kraft bekleidet hätte, wenn nicht er selbst mich für den Krieg ausgerüstet hätte« (LT 201/1.11.96).

∼

Weihnachten 1886 ist also der Sieg über die eigene Empfindlichkeit, der Durchbruch zur Freiheit. Wieder hat Thérèse für ihre spätere Lehre etwas sehr Wichtiges gelernt. Nicht das gebannte Ernstnehmen des Ich und seiner Lasten und Schmerzen befreit, sondern der entschlossene Wegblick, der sich in Selbstvergessenheit den anderen zuwendet. Das kleine Ich lebt von der Angst, es könnte zu kurz kommen, vergessen werden. Ständig fühlt es sich bedroht.

Im Schrifttum ROMANO GUARDINIS (1885–1968) gibt es eine Stelle, die auf ihre Weise von der Gegenwart beider Ich-Formen in uns spricht:

»Es bildet eines der tiefsten Paradoxe des Lebens, daß ein Mensch um so voller er selbst wird, je weniger er an sich denkt. Sprechen wir genauer: In uns lebt ein falsches Selbst und ein richtiges. Falsch ist das beständig betonte ›Ich‹ und ›Mir‹ und ›Mich‹, das alles aufs eigene Gelten und Gedeihen bezieht, genießen und durchsetzen und herrschen will. Dieses Selbst verdeckt das eigentliche, die Wahrheit der Person.

Im Maß das erste verschwindet, wird das zweite frei. Im Maß der Mensch in der Selbstlosigkeit von sich weggeht, wächst er in das wesenhafte Selbst hinein. Dieses blickt nicht auf sich, aber es ist da. Es erlebt sich auch – aber im Bewußtsein einer Freiheit, eines Offenseins, einer Unzerstörbarkeit von innen her. Der Weg, auf dem der Mensch das falsche Selbstsein abtut und ins eigentliche hineinwächst, ist jener, den die Meister des inneren Lebens die Loslösung nennen.

Der Heilige ist jener, in welchem das erste Selbst ganz überwunden und das zweite frei geworden ist. Dann ist der Mensch einfach da, ohne sich zu betonen. Er ist mächtig, ohne sich anzustrengen. Er hat kein Begehren mehr und keine Angst. Er strahlt aus. Um ihn her treten die Dinge in ihre Wahrheit und ihre Ordnung. Sagen wir es aufs Wesentliche hin: Der Mensch ist offen geworden für Gott. Und, wenn man es so ausdrücken kann: durchlässig für Gott. Er ist ›Türe‹, durch welche seine Macht in die Welt einströmen kann.«[31]

Daß ein Mensch von sich selbst wegsehen kann, ist ein Geschenk der Gnade, das den Menschen in einer von Gott vorherbestimmten Stunde überfallen kann. Es läßt sich durch nichts erzwingen, und doch muß das Herz bereit sein, es aufzunehmen:

»Gott hatte es innerhalb kurzer Zeit verstanden, mich aus dem engen Kreis heraustreten zu lassen, in dem ich mich drehte, ohne zu wissen, wie ein Herauskommen möglich war!« (MsA, 46v).

---

[31] Romano Guardini: Tugenden, Würzburg 1963, 93f.

Über sich selbst hinausgewachsen, ist Thérèse zu sich selbst gekommen. Aus einem kindlichen Kind wurde ein kindlicher Erwachsener. Bis zu ihrem 14. Lebensjahr war Thérèse viel zu sehr mit sich selbst beschäftigt und auf sich selbst konzentriert. Daher ihre Empfindlichkeit und die Unfähigkeit, sich selbst zu vergessen. In der Weihnachtsnacht 1886 verwandelte sich ihre krankhafte Introversion in eine gesunde Extraversion.

~

Gottes Gnade bedient sich nicht selten der Kleinigkeiten. »Es hätte nur einer Kleinigkeit bedurft und dieses Ereignis hätte nicht stattgefunden. Wäre Thérèse ein wenig länger im unteren Zimmer geblieben, in dem sich ihr Vater aufhielt, so hätte dieser sie gesehen und nicht jene Worte gesprochen, ›die ihr das Herz durchbohrten‹. Wäre sie einige Sekunden früher in ihr Zimmer gekommen, hätte sie diese Worte des Vaters nicht gehört. Aber da ist dieses Nichts, dieses Dazwischen, diese Treppe: ›Ich ging gerade die Treppe hinauf ...‹«[32] Alles ist von Gott gefügt. Es kam der Heiligen selbst zu Bewußtsein:

»Mehr denn je verstehe ich, daß die geringfügigen Ereignisse unseres Lebens von Gott gelenkt sind« (LT 201/11.11.96).

»Ich fühle es sehr genau, daß alles von ihm kommt« (DE 301/ 4.8.3).

---

[32] Jean-François Six: Theresia von Lisieux. Ihr Leben wie es wirklich war, Freiburg i. Br. ³1978, 209.

Alles kommt so, wie Gott es braucht. An einer winzigen Kleinigkeit lag es also, daß diese Stunde der Bekehrung Wirklichkeit wurde und Thérèse aufgrund dieser Stunde »die größte Heilige der neueren Zeit« (Papst Pius X.) wurde.

Damit Gottes Gnadenstunde zur Wirklichkeit unseres Lebens werden kann, ist erforderlich, was Thérèse so umschreibt:

> *»Er begnügte sich mit meinem guten Willen, an dem es mir nie fehlte«* (MsA, 45v).

Aus der Erfahrung von Gottes Wegführung in der Vergangenheit wächst das Vertrauen, daß Gott uns mit sicherer Hand auch durch die ungewisse Zukunft führt:

> *»Wir, die den Weg der Liebe gehen, sollten nicht an das denken, was an Schmerzlichem in Zukunft auf uns zukommen mag. Das wäre mangelndes Vertrauen und würde gleichsam bedeuten, sich in Gottes Fügungen einzumischen«* (DE 275/23.7.3).

> *»Gott hat mir geholfen und mich seit meiner frühesten Kindheit an seiner Hand geführt ... Ich verlasse mich auf ihn. Ich bin sicher, daß er mir seine Hilfe bis ans Ende schenken wird«* (DE 214/27.5.).

13 Gott bereitet jede Berufung
   sorgfältig vor

Eine jüdische Weisheitsgeschichte erzählt: In der Stadt Rop-schitz pflegten die Reichen, deren Häuser einsam oder am Ende des Ortes lagen, Leute anzustellen, die nachts über ihren Besitz wachen sollten. Als Rabbi NAFTALI sich eines Abends spät am Rande des Stadtwaldes erging, begegnete er einem solchen Wächter: »Für wen gehst du?« fragte er ihn. Dieser sagte es ihm, doch fügte er die Gegenfrage hinzu: »Und für wen geht Ihr, Rabbi?« Diese Anfrage traf den Gefragten wie ein Pfeil. »Noch gehe ich für niemand«, brachte er nur mühsam hervor, während er lange schweigend neben dem Wächter einherschritt. Schließlich fragte der Rabbi: »Willst du mein Diener werden?« »Das will ich gern, aber was habe ich zu tun?« fragte jener. »Nichts anderes, als mich [an die Frage: ›Für wen gehst du?‹] zu erinnern!« sagte Rabbi NAFTALI.[33]

Diese kleine Weisheitsgeschichte sagt etwas über das, was unserem Leben Sinn gibt. Es muß jemanden geben, für den wir leben, für den wir gehen, arbeiten, uns abmühen und aufopfern. Sonst wachsen wir nicht über uns selbst hinaus. Unser Leben wird nicht zu einem Weg. Wir bleiben stehen; wir drehen uns nur um uns selbst; wir kommen nicht weiter. Ein sonderbares Sinnlosigkeitsgefühl breitet sich in uns aus.

In ihrem Weihnachtserlebnis von 1886 bekam Thérèse in Zusammenhang mit der Berufungsgeschichte des hl. Petrus eine Ah-

---

[33] Martin Buber: Werke. Bd. 3: Schriften zum Chassidismus, München/Heidelberg 1963, 578.

nung von ihrer eigenen Berufung. Darin sollte alsbald – bis über ihren Tod hinaus – ihr ganzer Lebenssinn, ihr ganzer Lebensinhalt und ihr ganzes Lebensglück bestehen:

> *»Er machte mich zum Seelenfischer. Ich spürte ein großes Verlangen, an der Bekehrung der Sünder zu arbeiten ... Ja, ich fühlte die Liebe in mein Herz einziehen, das Bedürfnis, mich selbst zu vergessen, um anderen Freude zu machen, und von da an war ich glücklich«* (MsA, 45v).

~

Aber noch war der Herr mit ihr nicht ans Ziel gekommen. Der letzte Schritt stand noch aus. Wiederum war es eine »Zufälligkeit«: An einem Sonntag im Frühsommer 1887 hatte sie wie immer mit ihrem Vater den Gottesdienst in der Kathedrale zu Lisieux besucht. Als sie am Ende des Gottesdienstes ihr Gebetbuch schloß, rutschte ein Andachtsbildchen, das den Gekreuzigten darstellte, zwischen den Blättern hervor, so daß nur die eine durchbohrte und blutende Hand sichtbar wurde. Damit wurde Thérèse in das Leid ihres gekreuzigten Herrn eingeweiht. Denn plötzlich wurde sie sich bewußt, daß das Blut ihres Herrn zur Erde fällt, ohne daß es von den Menschen aufgefangen wurde. In diesem Augenblick fiel der Entschluß ihres Lebens:

> *»Ich beschloß, im Geiste meinen Standort am Fuße des Kreuzes zu nehmen«* (MsA, 45v).

Damit stand Thérèse ihre eigentliche Berufung vor Augen. Sie sollte darin bestehen, stellvertretend für die schuldig gewordenen Menschen betend einzutreten. Und Gott gab ihr alsbald Gelegenheit dazu, sich in diese ihre spezielle Berufung einzuüben.

Im Juni 1887 erfüllte ein Kriminalprozeß von besonders eindringlicher Schauerlichkeit die Phantasie der Zeitungsleser. Es war der »Fall Pranzini«. Dieser war ein italienischer Gewohnheitsverbrecher, Dieb, Hehler und Kuppler, der zu alledem in Paris in der Nacht vom 16. zum 17. März 1887 einen sensationellen Raubmord an einer Hofdame, ihrer Zofe und einem Kind begangen hatte. Beim Verkauf der Juwelen wurde er in Marseille gefaßt. Sein Prozeß dauerte vom 7. bis zum 13. Juli und schloß mit seiner Verurteilung zum Tod. Seine Hinrichtung durch das Fallbeil wurde auf den 31. August angesetzt. Die Presse berichtete, daß er völlig verstockt und zynisch der Hinrichtung entgegensah. Alle Bemühungen des Gefängnisseelsorgers wies er schroff zurück. Aufgrund ihres tiefen Einfühlungsvermögens erfaßte Thérèse aus dem Sensationsgeflüster nur dieses: Hier steht ein höchst bedauerlicher Mensch mit seiner unerhört gehäuften Schuld unmittelbar vor dem Tod. Daher wollte sie das letzte und unwiderrufliche Unheil verhüten:

»Ich sagte Gott, ich sei ganz sicher, daß er dem unglücklichen Pranzini verzeihen werde, daß ich dies sogar glauben würde, wenn dieser nicht beichten würde und kein Zeichen der Reue gäbe, so großes Vertrauen hatte ich in die unendliche Barmherzigkeit Jesu, aber ich bäte ihn doch um ein Zeichen der Reue, einfach zu meinem Trost. Mein Gebet wurde wörtlich erhört.

Am Tag nach seiner Hinrichtung fiel mir die Zeitung ›La Croix‹ in die Hand. Ich öffnete sie hastig, und was sah ich? Pranzini hatte das Schafott bestiegen und wollte eben seinen Kopf in das grausame Loch stecken, als er plötzlich, einer jähen Eingebung folgend, sich

umwandte, das Kruzifix ergriff, das ihm der Priester hinhielt, und
die heiligen Wunden dreimal küßte. Dann ging seine Seele hin, das
erbarmende Urteil dessen zu empfangen, der verkündet, im Him-
mel werde mehr Freude sein über einen einzigen Sünder, der
Buße tut, als über 99 Gerechte, die der Buße nicht bedürfen«
(MsA, 46r).

Zum ersten Mal erfuhr Thérèse die ihr von Gott zugesagte Macht
des stellvertretenden Gebetes. Sie entdeckte ihre Sendung: betend und opfernd für die Menschen, vor allem für die schuldig
gewordenen Menschen und für die Priester vor Gott einzutreten:

»Glauben Sie nicht, daß die großen Heiligen ihrerseits, wenn sie se-
hen, was sie ganz kleinen Seelen verdanken, sie mit einer unver-
gleichlichen Liebe umfangen werden? Ich bin sicher, daß es dort
wunderbare und überraschende Zuneigungen geben wird. Der
Bevorzugte eines Apostels, eines Kirchenlehrers wird vielleicht
ein kleiner Hirtenbube sein und der vertraute Freund eines Patri-
archen ein einfaches Kind« (HA 1906, 276).

»Was wird im Himmel los sein, wenn die Menschen jene kennen-
lernen, die sie gerettet haben!?« (DE 337/23.8.6)

Thérèse hatte vor ihrem Tod versprochen, ihre eigentliche Mission
beginne erst im Himmel:

»Wenn Gott meine Wünsche erhört, werde ich meinen Himmel bis
ans Ende der Zeit auf Erden verbringen. Ja, ich will meinen Him-
mel damit verbringen, auf Erden Gutes zu tun« (DE 269/17.7.).

»Gott gäbe mir diesen Wunsch nicht, nach meinem Tod auf Erden Gutes zu tun, wollte er ihn nicht verwirklichen« (DE 270/18.7.1).

»Im Himmel muß Gott meine Wünsche erfüllen, weil ich auf Erden nie meinen Willen getan habe« (DE 256/13.7.2).

Demnach dürfen wir sicher sein, daß wir im Himmel wenigstens einen haben, der uns von Herzen liebt, der betend für uns eintritt, bis auch wir dort sind, wo er ist.

~

Was aber ergibt sich aus dem Gesagten? Wir selbst sollten in stellvertretendem Gebet für unsere Mitmenschen vor Gott treten. Jeder sollte eine Gruppe von Menschen erwählen, die er immer wieder in seinem Gebet vor Gott vertritt. Dazu ermutigen uns alle großen Glaubensgestalten. Eine davon ist der große russische Schriftsteller FJODOR M. DOSTOJEWSKI. In einem seiner Romane schreibt er: »Was glaubst du, wie dem zumute ist, der niemanden hat, der für ihn betet? Deshalb füge, wenn du vor dem Schlafengehen dein Gebet sprichst, zum Schluß noch die Worte hinzu: ›Erbarme dich, Herr, auch all derer, die niemanden haben, der für sie betet.‹ Dies Gebet ist gewiß Gott wohlgefällig und wird auch erhört werden.«[34]

Noch eindringlicher ist die Einladung zu solch stellvertretenden Gebet, die dieser große Beter DOSTOJEWSKI in seinem Hauptwerk *Die Brüder Karamasoff* empfiehlt: »Merke dir auch dies: jeden Tag und jeder Zeit, wenn du nur die Möglichkeit dazu hast,

[34] Fjodor M. Dostojewski: Der Jüngling, München 1977/80, 589f.

88

wiederhole für dich: ›Herr, erbarme dich aller, die heute vor dich hintreten.‹ Denn zu jeder Stunde und in jedem Augenblick verlassen Tausende von Menschen ihr Leben auf dieser Erde und ihre Seele erscheint vor dem Herrn, – und wie viele von ihnen sind in der Einsamkeit von dieser Erde geschieden, ohne daß jemand davon wußte, in Trauer und Gram darüber, daß niemand sie vermisse, ja nicht einmal davon wissen wird, ob sie gelebt haben oder nicht. Und da erhebt sich nun vielleicht vom anderen Ende der Welt aus dein Gebet zum Herrn für die Seelenruhe eines solchen, obschon du ihn gar nicht gekannt hast und er nicht dich. Wie warm wird es dann seine in Furcht vor dem Herrn hintretende Seele berühren, wenn sie in diesem Augenblick fühlt, daß auch für ihn jemand betet, daß auf der Erde ein menschliches Wesen zurückgeblieben ist, das auch ihn liebt. Ja, und auch Gott selber wird barmherziger auf euch beide schauen, denn wenn es schon dir leid tut um den Einsamen, um wieviel mehr wird er Ihm leid tun, der doch so unermeßlich barmherziger und liebevoller ist als du. Und Er wird ihm schon um deinetwillen vergeben.«[35]

Für wen gehst du? Oder fragen wir genauer: In wessen Dienst stellst du dein Leben? In den Dienst deines kleinen Ich oder in den Dienst der großen Anliegen Gottes? Wieviel Aufschluß über unser Leben könnte uns diese Frage geben? Jener Rabbi fragte den Wächter: »Willst du mein Diener werden?« Und als dieser ihn fragte, was er dann zu tun habe, sagte er ihm: »Nichts anderes, als mich erinnern.« Woran? Daran, daß man für einen anderen gehen muß. Was brachte den Rabbi auf die Idee, diesen Wächter als seinen Diener anzustellen? Es war ihm aufgegangen, wie schnell wir

---

[35] Ebd., 521f.

uns an unsere eigenen kleinen Bedürfnisse verlieren können und dabei den großen göttlichen Zusammenhang übersehen, in den wir als Gläubige von Gott hineingerufen worden sind.

»Er machte mich zum Seelenfischer. Ich spürte ein großes Verlangen, an der Bekehrung der Sünder zu arbeiten ... Ja, ich fühlte die Liebe in mein Herz einziehen, das Bedürfnis, mich selbst zu vergessen, um anderen Freude zu machen, und von da an war ich glücklich« (MsA, 45v).

IV

VERTRAUEN TROTZ SCHWACHHEIT
UND SCHULD

14 Es gibt einen Aufzug,
der bis zum Himmel geht

Was ist Leben? DIETRICH BONHOEFFER antwortet: »Seit Jesus Christus von sich sagte ›Ich bin das Leben‹ (Johannes 14,16; 11,25), kommt kein Denken mehr an diesem Anspruch und der in ihm enthaltenen Wirklichkeit vorbei ... Das Wort Jesu bindet jeden Gedanken über das Leben an seine Person ... Das Leben ist nicht ein Ding, ein Wesen, ein Begriff, sondern eine Person, und zwar eine bestimmte und einzige Person. Er sagt nicht: Ich habe, sondern ich bin das Leben ... So läßt sich das Leben niemals mehr von dem Ich, von der Person Jesu trennen.«[36]

Das ist es, was die ganze Lebensfülle von Thérèse ausmacht. Daher ist es nicht verwunderlich zu beobachten, daß Jesus Christus in ihrem Leben mehr und mehr in den Vordergrund tritt. Er füllt ihr ganzes Lebens aus. Er ist ihr Leben. Er lebt in ihr und sie in ihm. Einige Stellen aus ihrem Schrifttum mögen zeigen, was er ihr bedeutete:

»Nichts vermag mich hier auf Erden zu beglücken.
Das wahre Glück ist dort nicht anzutreffen.

---

[36] Dietrich Bonhoeffer, zit. in: Bonhoeffer Brevier, hrsg. v. Otto Dudzus, München 1968, 287f.

Mein einziger Friede, mein einziges Glück,
meine einzige Liebe, das bist du, mein Herr« (PN 36,1).

»Die Geschöpfe sind zu klein, um die unermeßliche Leere auszu-
füllen, die Jesus in dir ausgehoben hat. Gib ihnen keinen Raum in
dir« (LT 93/14.7.89).

»Allein Jesus liest im Tiefsten der Seele« (LT 75,6 oder 7.1.89).

»Er allein kann meine grenzenlosen Wünsche erfüllen« (MsA, 81v).

»Mein Direktor ist Jesus« (LT 142/6.7.93).

»Jesus braucht weder Bücher noch Lehrer, um die Menschen zu un-
terweisen. Er, der Lehrer aller Lehrer, unterrichtet ohne Lärm von
Worten (NC III,43.3) ... *Nie hörte ich ihn sprechen, aber ich füh-*
le, daß er in mir ist. In jedem Augenblick führt er mich und gibt mir
ein, was ich sagen oder tun soll. Gerade in dem Augenblick, da ich
dessen bedarf, entdecke ich Lichtblicke, die ich nie zuvor gesehen
habe. Meistens sind sie nicht während meiner Betrachtungen am
reichlichsten, sondern eher während meiner Tagesbeschäftigungen«
(MsA, 83v).

~

Die wohl intensivste Aussage über Jesus findet sich in einem Brief,
der an Originalität nichts vermissen läßt:

»Man beurteilt die anderen (immer) nach sich selbst. Und da die Welt
verrückt ist, denkt sie logischerweise, wir seien die Verrückten! ...

Aber schließlich sind wir nicht die ersten. Das einzige Vergehen, das Jesus von Herodes zur Last gelegt wurde, war, daß er verrückt sei. Und ich urteile wie er ... Ja, es war verrückt, die armseligen, kleinen Herzen von Sterblichen aufzusuchen [...] Er, dessen Gegenwart die Himmel nicht fassen können! ... Er war verrückt, auf die Erde zu kommen, um Sünder heimzusuchen und sie zu seinen Freunden, zu seinen Vertrauten, zu seinesgleichen zu machen; er, der mit den beiden anbetungswürdigen Personen des Dreifaltigen Gottes vollkommen glücklich war! ...

Nie werden wir für ihn jene Torheiten begehen können, die er für uns beging. Unsere Handlungen verdienen diesen Namen nicht; denn sie sind allzu vernünftig und bleiben weit unter dem, was unsere Liebe vollbringen möchte. Die Welt ist also verrückt, da sie nicht weiß, was Jesus getan hat, um sie zu retten. Sie ist ein Wucherer, der die Menschen verführt und sie zu Brunnen lenkt, die keine Wasser haben« (LT 169/19.8.94).

»Man beurteilt die anderen immer nach sich selbst.« Das ist eine tiefenpsychologische Erkenntnis ersten Ranges. Man denke hier an die Vorgänge im Innern derer, die sich gegen Stephanus erhoben. Bevor diese Leute zu den Steinen griffen, haben sie ihm ganz andere Dinge an den Kopf geworfen. Sie schleuderten ihm ihre eigenen Unzulänglichkeiten entgegen. Die fliegenden Steine sind nur Ausdruck für ihre inneren Verhärtungen.

Jesus ist aufgrund seiner Liebe zu einem Narr geworden. Wer ihn liebt, wird in den Augen der Welt seinerseits für ein Narr gehalten. Ich denke hier an eine der ältesten Kreuzesdarstellungen. Möglicherweise ist sie sogar die älteste, die wir kennen. Sie wurde nicht lange nach dem Tod Jesu in Rom in die Wand eines Raumes geritzt, in dem sich die Leibwache der römischen Kaiser aufhielt: Jesus am Kreuz mit einem großen Eselskopf. Vor diesem Kreuz kniet ein junger römischer Legionär. Darunter steht: »Alexamenos betet seinen Gott an.« Das ist reine Ironie. Sie besagt: Ein Gott, der sich von den Menschen ans Kreuz schlagen läßt, kann nur ein Esel sein, und wer vor ihm auf die Knie fällt, ist ebenfalls ein Esel.

Dennoch bleibt unsere Liebe, weil sie zu berechnend und zu geplant ist, weit hinter dem zurück, was Liebe zu leisten imstande ist. Thérèse ist sich bewußt geworden, daß es nur die absichtslosen Narren dieser Liebe sind, die uns zu Gott bringen können.

~

In ihrer plastischen und bildhaften Ausdrucksweise bringt sie ein Bild, das zu den berühmtesten gehört, die sie geschaffen hat. Sich mit den wahrhaft Großen im Gottesreich vergleichend, stellt sie fest, daß zwischen ihnen und ihr derselbe Unterschied besteht wie zwischen einem Berg, dessen Gipfel sich durch die Wolkendecke hindurch in den Himmel verliert, und einem unscheinbaren Sandkorn, über das die Füße der Leute achtlos hinwegschreiten. Statt zu verzagen, sagt sie sich:

> *»Wir leben in einem Jahrhundert der Erfindungen. Man nimmt sich jetzt nicht mehr die Mühe, die Stufen einer Treppe emporzusteigen. Bei den Reichen ersetzt der Aufzug die Treppe auf das vorteilhafteste«* (MsC, 2v/3r).

Eines Tages entdeckt sie ihn und ist überglücklich:

»Der Aufzug, der mich bis zum Himmel emporheben soll, sind deine Arme, Jesus. Dazu brauche ich nicht zu wachsen. Im Gegenteil! Ich muß klein bleiben, ja, es mehr und mehr werden« (MsC, 3r).

Hinzufügen müssen wir noch einen anderen Text, der aus einem Brief an ABBÉ BELLIÈRE stammt. Darin heißt es:

»Sie sind berufen, sich mit dem A U F Z U G der Liebe zu Gott zu erheben und nicht, die steile Treppe der Furcht zu ersteigen [...] Bald werden Sie mit dem hl. Augustinus[37] sagen: ›Die Liebe ist das Gewicht, das mich zieht« (LT 258/18.7.97).

Jede gute Tat ist somit den Gewichten vergleichbar, die den Aufzug in dem Maße heben, als sie selbst hinuntergehen. Die Füße, die zu waschen Jesus uns aufgetragen hat, befinden sich nicht oben, sondern unten. Um an sie heranzukommen, muß man sich klein machen. Aber gerade so werden wir groß in Gottes Augen. Jedes kleine gute Werk, und mag es noch so unscheinbar sein, hat also sein Gewicht, das den Aufzug unseres Lebens in die Höhen Gottes zieht und unser Herz weiter und lichtvoller macht.

Was uns also von der Erdgebundenheit löst, was die Nebel unserer Traurigkeit oder unserer Depression vertreibt, das, was glücklich macht, unserem Leben einen Sinn gibt, das sind die unscheinbaren Werke der Liebe, die zu vollbringen der Alltag so viele Möglichkeiten bietet. Thérèse zeigt, wie man es macht: ein freundliches Wort, wenn man lieber schweigen und ein gelangweiltes Gesicht machen möchte. Geduld bewahren, wenn man gestört wird:

[37] Augustinus: Bekenntnisse 13,9.

*»Ein Wort, ein liebenswürdiges Lächeln genügen oft, um eine trau-
rige Seele aufzuheitern«* (MsC, 28r).

*»Wenn ich an diesem Tag viel zu schreiben habe, versetze ich
mich – um ein innerlich gelöstes Herz zu haben – in eine Gei-
steshaltung, mich stören zu lassen. Ich sage mir: ›Diese freie Stunde widme ich der Störung. Ich bejahe sie; ich rechne mit ihr. Und
wenn man mich in Ruhe läßt, werde ich Gott dafür danken wie für
eine Gnade, mit der ich nicht gerechnet habe. Daher bin ich immer
glücklich!‹«* (CS 104).

Das heißt: sich durchkreuzen lassen, wie es der »barmherzige Sa-
mariter« getan hat. Aufmerksam sein, wenn man einfach sitzen
bleiben könnte. Ordnung schaffen, wo einer sie vergessen hat.
Liebenswürdig schweigen, wo man zu Unrecht beschuldigt oder
angegriffen wird. Gut sein zu einem Menschen, von dem kein
Echo der Dankbarkeit zurückkommt. Einen Menschen annehmen, der einem unsympathisch ist. Die Fehler eines anderen ertragen:

*»Jetzt verstand ich, daß die vollkommene Liebe darin besteht, die
Fehler der anderen zu ertragen«*
(MsC, 12r; vgl. hierzu: DE 777 /11.7.)

Sich am Erfolg eines anderen erfreuen. Die guten Eigenschaften in
die Waagschale werfen, wenn über die Fehler eines anderen gesprochen wird. Kurz und gut:

*»Jesus schaut nicht so sehr auf die Größe der Taten, noch auf ihre
Schwierigkeit, sondern vielmehr auf die Liebe, mit der sie vollbracht
werden«* (LT 65/20.10.88).

»Das Geringste ist kostbar in seinen Augen ...« (LT 145/2.8.93).

»Sich abkapseln sterilisiert die Seele! Da muß man sich sofort den Werken der Nächstenliebe zuwenden« (CS 99).

Die guten Werke ziehen das Gewicht unseres Lebens nach unten, das heißt ins Verborgene. An späterer Stelle werden wir sehen, wie wichtig für Thérèse das Leben im Verborgenen war:

»Welches Glück schenkt uns unsere Religion. Anstatt unsere Her-zen zu verengen, wie die Welt meint, erhebt sie diese und macht sie fähig zu lieben, zu lieben mit einer fast unendlichen Liebe; denn sie soll ja über dieses sterbliche Leben hinaus fortdauern« (LT 166/16.7.94).

Thérèse geht es fortan nur noch um eine ›Wissenschaft‹, um die »Wissenschaft der Liebe«:

»Die Wissenschaft der Liebe, nur diese will ich lernen« (MsB, 1r).

15 Sich nicht mit halben Sachen zufriedengeben

In der Kindheitsgeschichte mancher Menschen gibt es Ereignisse, die ein Licht auf das ganze Leben werfen. Ein solches Ereignis gibt es auch im Leben der hl. Thérèse.

Eines Tages kam ihre Schwester LÉONIE mit einem Korb voller Plunder. Puppenkleider, Stoffreste, Bänder und anderes mehr war darin. Da sie sich schon für erwachsen hielt, machte sie CÉLINE und Thérèse das Angebot, sich daraus etwas auszuwählen: »Ich schenke Euch alles!« Während CÉLINE an einem Päckchen Bänder Gefallen fand, erklärte Thérèse: *»Ich wähle alles!«* Mit diesem Wort nahm sie den ganzen Korb an sich (vgl. MsA, 10r).

Diese unscheinbare Handlung sollte – wie Thérèse selber sagt – zum Inbegriff ihres ganzen Lebens werden:

> *»Mein Gott, ich wähle alles. Ich will keine halbe Heilige sein. Ich habe keine Angst, für dich zu leiden. Ich fürchte nur das eine, nämlich meinen Willen zu behalten. Nimm ihn mir, denn ›ich wähle alles‹, was du willst!«* (MsA, 10v).

Später erkannte sie: Um eine Heilige zu werden, muß man viel leiden, stets das Vollkommenere anstreben und bei allem sich selbst vergessen.

Es gibt viele Grade der Vollkommenheit. Dabei ist jeder frei, wenig oder viel für den Herrn zu tun. Das heißt: unter den Opfern, die er uns abverlangt, zu wählen. Angesichts dieser Erkenntnis war Thérèse – wie in ihren Kindheitstagen – entschlossen, alles zu wählen. Der Grund: Sie wollte keine halbe Heilige werden. Daher bat sie Gott, ihr ihren Eigensinn und ihren Eigenwillen zu nehmen, da sie alles wählen wollte, was Gott von ihr verlangte.

Wie sehr Thérèse danach verlangte, den Willen Gottes zu erfüllen, zeigen viele Bilder, die sie geschaffen hat. Ich erinnere an den »Ball«, der sie sein wollte (vgl. MsA, 64r), oder an den »Pinsel«, den Gott wählen könne (vgl. MsC, 20r). Durch die Erfüllung von Gottes Willen wollte sie mit Gott eins werden, um in seiner Wirklichkeit zu leben. Wer den Willen Gottes erfüllt, sensibilisiert sich mehr und mehr für die Interessen Gottes.

~

So wuchs in Thérèse der Wunsch, für Gott »die heroischsten Werke allesamt zu vollbringen« (MsB, 2v). Sie wollte Priester, Kirchenlehrer und Märtyrer werden. Aber das genügte ihr noch nicht, weil es noch nicht alles war. Eines Tages entdeckte sie, daß die Kirche ein Herz hat und daß dieses Herz alles in allem ist. Damit hatte sie ihre eigentliche Berufung gefunden: Sie wollte das Herz der Kirche sein, das von Liebe brennt. Ohne dieses Herz ist die Kirche herzkrank. Da rief sie im Übermaß ihrer Freude aus:

*»Endlich habe ich meine Berufung gefunden,
meine Berufung ist die Liebe«* (MsB, 3v).

An ihrem Sterbetag kann sie nur noch sagen:

*»Ich bereue es nicht, mich der göttlichen Liebe
ausgeliefert zu haben«* (DE 274/22.7.1).

Daher ihre letzten Worte:

»Mein Gott, ich liebe Dich!« (DE 384/30.9.90).

~

Diese Liebe zu Gott verwirklicht sich für Thérèse im Leben der Gemeinschaft. Dabei müssen wir zunächst hervorheben, daß Thérèse keineswegs ein zur Gemeinschaft begabter Mensch war. Als sie die Abteischule der Benediktinerinnen in Lisieux besuchte, war sie für ihre Gefährtinnen recht unzugänglich. Sie blieb ohne Freunde und kam keiner Lehrerin näher. Vielleicht lag es vor allem an ihrem scharfen Blick, mit dem sie das Kümmerliche und Beschränkte, das Kleinliche und Boshafte, das Ungehobelte und Erstarrte rings um sich her sah: »Ihre Natur sträubte sich gegen den Atem des Trüben.«[38] So können wir verstehen, wenn Thérèse später hinsichtlich des klösterlichen Zusammenlebens sagt:

»Mein Kelch ist das Gemeinschaftsleben« (CS 11).

Um die Bedeutung dieses Wortes zu erfassen, ist es gut, einen Blick in den Karmel von Lisieux zu werfen. Er wurde 1838 gegründet. Die Gebäude waren 1877 fertiggestellt worden. Am 6. April 1888 war Thérèse dort eingetreten. Zu diesem Zeitpunkt lebten im Karmel 26 Karmelitinnen. Das Durchschnittsalter lag bei 47 Jahren.

Ehrlicherweise müssen wir sagen, daß Thérèse unter ihnen kein gutes Milieu erlebte. Auch ein Kloster gehört noch zur Welt.

[38] I. Fr. Görres, aaO., 310.

Und überall, wo Menschen sind, ist auch die Welt gegenwärtig. Der Karmel zu Lisieux war weder ein im Aufschwung befindliches noch ein dem Verfall entgegentreibendes Kloster. Es war Durchschnitt. Der Seelsorger des Klosters, Kanonikus DELATROËTTE, war ein mürrischer Soutanenträger. Er hatte keinen Blick für das, was in Thérèse heranwuchs. Zudem unterliefen ihm nicht selten taktlose Unfreundlichkeiten. Schon bei ihrem Eintritt in den Karmel äußerte er der Priorin gegenüber, sie trage die volle Verantwortung, wenn dieses Mädchen die Erwartungen nicht erfülle.

Die Priorin MÈRE MARIE DE GONZAGUE war ein innerlich unausgeglichener Mensch und zudem krankhaft eifersüchtig. Mit einem ehrgeizigen Machttrieb versuchte sie, die ihr anvertrauten Schwestern zu beherrschen. Thérèse fügte sie manche Demütigung zu. Fortwährend wurde sie von ihr getadelt. Hämische Bemerkungen über die ungenügenden Leistungen einer 15jährigen im Kloster waren an der Tagesordnung. Wenn Thérèse im Garten Unkraut jäten mußte, stellte sie diese Arbeit als ein Spazierengehen hin. Vor ihrem Tod im Jahre 1904 bekannte sie: »Ich habe Gott oft beleidigt. Ich bin die Schuldigste der ganzen Gemeinschaft. Ich würde nicht damit rechnen, gerettet zu werden, wenn ich nicht Thérèse hätte, die für mich eintritt. Ich spüre, daß ich ihr mein Heil verdanke« (RENÉ LAURENTIN).

Unter den Schwestern führte der Mangel an religiöser Höhe zu dauernden Reibereien, die durch Gehässigkeit, übersteigerte Empfindlichkeit und Tadelsucht ausgelöst wurden. Jedenfalls wurde Thérèse von ihren Mitschwestern oft genug mißverstanden, verachtet und verhöhnt. Unter ihnen lernte sie kennen, was es in ihrem Elternhaus nicht gab: den schmerzlichen »Kleinkrieg der Nadelstiche«.

Das war – kurz skizziert – die Gemeinschaft, in der Thérèse lebte. In ihrer Biographie über Thérèse schreibt IDA FRIEDERIKE GÖRRES: »Was sie fand, war eine Schar sehr durchschnittlicher, zum Teil sonderbarer und verschrobener, zum Teil kranker und belasteter, zum Teil lauer und bequemer Klosterfrauen.«[39]

Doch müssen wir hier etwas Wichtiges anmerken. Ich meine die bekannte Tatsache, daß sich bei allen, die in irgendeiner Weise in Klausur leben (Gefängnis, Internat, Krankenhaus oder Kloster), der Sinn für die wahren Proportionen verschiebt. Da entsprechende Vergleichsmöglichkeiten fehlen, wird das Maß der Reaktion fast unabhängig vom auslösenden Objekt. Wir wissen, wie Menschen, die unter den genannten Bedingungen leben, beispielsweise durch einen Vogel auf dem Fensterbrett oder durch eine Knospe an einem Blumenstock stärkste seelische Erschütterungen erleben können. Ähnlich spielen in der Ordensklausur winzige Vorfälle, Kränkungen, Bevorzugungen, die einer draußen kaum zur Kenntnis nimmt, leicht eine stark überdimensionale Rolle.[40]

Wie auch immer, es bleibt die Frage, was ein Mensch aus der Situation macht, in der er sich befindet. Bemerkenswert ist, daß große Heilige, wie zum Beispiel IGNATIUS VON LOYOLA, den Wunsch hatten, lieber in einen zerfallenen Orden einzutreten, um es schwerer zu haben als in der Trautheit einer »geistlichen Familie«.[41] Wenn Thérèse auch unter der mangelhaften Klosterzucht

[39] Ebd.
[40] Ebd., 522.

sehr gelitten hat, so kann man jenes auch von ihr sagen. Daher spielte sie weder die »unverstandene Frau« noch gab sie sich dem Selbstmitleid hin. Auch suchte sie keinen Trost bei ihren leiblichen Schwestern. Sie lehnte sich nicht gegen ihr Schicksal auf, sondern nahm die Gemeinschaft an, wie sie war, und jede einzelne Schwester in ihr. Sie versuchte, die negative Situation in eine positive zu verwandeln:

> »Die Liebe weiß aus allem Nutzen zu ziehen« (MsA, 83r).

> »Ich verstehe es, immer das Mittel zu finden, um glücklich zu sein und aus meinen Nöten Nutzen zu ziehen« (MsA, 80r).

> »Wenn mir der böse Geist die Fehler dieser oder jener Schwester, die mir weniger sympathisch ist, vor Augen zu stellen sucht, dann spüre ich schnell ihre guten Seiten auf« (MsC, 12v).

> »Immer sehe ich die gute Seite der Dinge. Es gibt Leute, die alles von der schwersten Seite nehmen. Bei mir ist das Gegenteil der Fall. Habe ich nichts als schweres Leid, ist der Himmel so düster, daß ich keine helle Stelle sehe, nun gut, dann mache ich mir eine Freude daraus« (DE 215/27.5.).

Sie erfaßte demnach jede unerquickliche Situation als eine ihr vom Himmel geschickte Möglichkeit des Aufstiegs zu Gott und war entschlossen, diesen Weg zu gehen. Sie glaubte nicht, bereits eine Heilige zu sein, aber sie wollte eine Heilige werden. »Für sie war Heiligung innere Formung, war Gestaltung des Lebens nach dem

---

[41] Hans Urs von Balthasar: Schwestern im Geist, Einsiedeln 1970, 144.

Willen Gottes« (WALTER NIGG). Dieser Wille vermittelte sich ihr durch das Wort Jesu: »Ein neues Gebot gebe ich euch, daß ihr einander liebt, wie ich euch geliebt habe« (Johannes 13,34). Thérèse überwand sich so, daß es ihr gelang, allen Gesetzen der natürlichen Sympathie zum Trotz auch die Widerlichen zu lieben und ihnen so zu begegnen, als ob sie natürliche Sympathie empfinde.

Wenige Jahre nach ihrem Tod war der ganze Konvent wie verwandelt. Dies hatte ihr lichtvolles Vorbild bewirkt. Diese Wandlung kam so unerwartet, sie war so schwierig, tiefgreifend und anhaltend, daß die Schwestern darin das größte und erste Wunder nach ihrem Heimgang erkannten.

16 Nicht das Huhn nachahmen

Märchen und Sagen enthalten unvergängliche Weisheiten. So auch die Sage von Siegfried, der sich in Drachenblut badete, um am ganzen Leib unverletzlich zu sein. Doch da gab es jene kleine Stelle, worauf ein Blatt gefallen war. Und ausgerechnet diese Stelle sollte ihm eines Tages zum Verhängnis werden. – Selbst der stärkste Mensch hat seine schwache Stelle.

Es gibt nun eine Schwäche, die nahezu allen Menschen gemeinsam ist: die Anfälligkeit für Schmeicheleien. Sag einer hübschen Frau, sie sei geistreich, sie wird dir dieses Wort nie vergessen. Sag einem Tölpel, er sei ein Original, er wird dich umarmen. Sag einem kontaktgestörten Menschen, er verfüge über eine vornehme Zurückhaltung, er wird sich freuen.

Wer uns schmeichelt, streichelt unsere Eitelkeit, indem er übertreibt oder etwas erfindet, was gar nicht vorhanden ist. Wer aber hätte das nicht gern? Vielleicht bemerken wir sofort den faulen Zauber. Zuerst lächeln wir überlegen, dann lachen wir darüber und wehren mit beiden Händen ab. Aber der Schmeichler gibt keine Ruhe. Plötzlich fragen wir uns, ob er nicht doch recht hat. Und schließlich glauben wir ihm.

～

Um diese Gefahr wußte Thérèse genau Bescheid, denn auch sie war für Lob und Schmeicheleien nicht unanfällig. Das hebt sie ausdrücklich hervor. Um dem entgegenzuwirken, war es ihr nur recht, daß sie auf dem Gebiet der Handarbeit wahrlich keine Meisterin war, weshalb man sie für ungeschickt hielt. Oft rühmte man in ihrer Gegenwart die Begabung der anderen, während man sie völlig unerwähnt ließ. Sie nahm dieses ihr Manko an und machte daraus ein Gebet. So verwandelte sie diese irdische Bitterkeit in eine himmlische Tröstung (vgl. MsA, 38r). Wie alle großen Heiligen war auch Thérèse eine Verwandlungskünstlerin: Betend verwandelte sie ihre unguten Eigenschaften in Tugenden.

Ihre Anfälligkeit für Schmeicheleien trat auf einem anderen Gebiet noch deutlicher hervor. Als sie mit 13 Jahren die Abteischule der Benediktinerinnen während des zweiten Trimesters 1885/86 verließ, setzte sie ihre Ausbildung bei einer Frau namens PAPINAU fort, die von großer Gelehrsamkeit war. Diese lebte mit ihrer Mutter, Madame COCHAIN, zusammen. In dem antik möblierten Zimmer wohnte sie oft Besuchen jeglicher Art bei. An solchen Tagen lernte sie nicht viel. Die Nase im Buch, hörte sie alles, was da erzählt wurde. Auf diese Weise bekam sie mit, wie eine Dame ihr schönes Haar bewunderte. Eine andere fragte beim Weggehen, wer denn dieses hübsche Mädchen sei. Diese Worte waren für sie von besonderer Bedeutung, da sie nicht vor ihr gesagt worden waren. Doch ging ihr alsbald auf, daß sich ihre ungeheure Sehnsucht nicht mit Schmeicheleien eines Augenblicks ausfüllen ließen (vgl. MsA, 40r).

Je mehr Thérèse ihren »kleinen Weg« ging, um so mehr überwandt sie ihre menschliche Eitelkeit und ihre Anfälligkeit für Schmeicheleien. Für ihre Abwendung von ihrer Ehrsucht hat sie verschiedene Gründe:
• Die Ehre, welche Menschen uns erweisen, ist sehr unbeständig. Man bedenke das Sprichwort: »Der Sattel, in den du heute gehoben

wirst, wird dir morgen auf die Schultern gelegt.« Das mußte ja auch Jesus erfahren. Thérèse schreibt:

> *»Die menschliche Ehre ist eine windige Sache. Sie geht vorüber wie der Rauch, der sich in Kürze auflöst«* (RP 3).

• Die Ehre hindert uns nicht selten daran, mit Gott eins zu werden:

> *»Wie kann sich ein in geschöpflicher Liebe verfangenes Herz innig mit Gott vereinen? ... Ich habe so viele von diesem trügerischen Licht verführte Menschen gesehen, die sich in ihm gleich Schmetterlingen die Flügel verbrannten«* (MsA, 38r/v).

• Die Eitelkeit macht die Armut des Geistes zunichte. Diese aber ist die Voraussetzung, daß sich Gottes Liebe zu uns herabläßt. Daher:

> *»Bleiben wir weit weg von allem, was glänzt. Lieben wir unsere Kleinheit. Lieben wir es, nichts zu fühlen. Dann werden wir arm sein im Geist, und Jesus wird kommen, um uns zu holen, so weit wir auch entfernt sein mögen«* (LT 197/17.9.96).

• Thérèse kam es auf die Wahrheit an. Worin liegt Wahrheit?

> *»In Wirklichkeit bin ich nur das, was Gott von mir denkt«* (CS 159).

• Thérèse verlangte nach echtem Ruhm, und sie erkannte, worin er liegt:

»Er zeigte mir, daß die wahre Weisheit darin besteht, unbeachtet sein zu wollen« (MsA, 71r).

Aber dennoch gab es in Thérèse die Sehnsucht nach echtem Ruhm. Da menschlicher Ruhm diese ihre Sehnsucht nicht erfüllen konnte, verlangte sie nach dem Ruhm, eine Heilige zu werden, d.h. ihren Ruhm nicht von den Menschen, sondern von Gott zu empfangen:

»Ich glaubte mich zum Ruhm geboren. Und als ich nach dem Mittel suchte, ihn zu erlangen, da ließ mich Gott verstehen, daß mein Ruhm nicht sterblichen Augen ansichtig werden sollte, sondern daß er darin bestehen sollte, eine große Heilige zu werden« (MsA, 32r).

Das entscheidende Wort, das ihre Absicht zum Ausdruck bringt, lautet daher:

»Ich ziehe es vor, verborgen zu bleiben, als halben Ruhm zu genießen. Allein von Gott erwarte ich das Lob, das ich verdiene« (CS 163).

Hier wird die Methode sichtbar, die Thérèse wie alle Heiligen sowie andere große Menschen angewandt haben, um eine Fehlhaltung zu korrigieren. Bemerkenswert ist an dieser Stelle eine Lehrerzählung, die sich bei MARTIN BUBER unter dem Titel *Der Gang auf dem Seil* findet:

»Einmal wurde Rabbi Israel von seinen Freunden gefragt: ›Sag uns doch: Wie sollen wir Gott dienen?‹ Rabbi Israel antwortete mit folgender Geschichte: Zwei Freunde hatten sich eines gemeinsamen Vergehens schuldig gemacht. Weil der König sie liebte, wollte er ihnen eine Chance geben. Daher ordnete er an, über einen Abgrund ein Seil zu spannen. Den beiden Schuldigen aber wurde befohlen, einer nach dem anderen, den Abgrund auf diesem Seil zu überschreiten. Wem es gelinge, dem sei das Leben geschenkt. Während nun der eine das jenseitige Ufer mühelos erreichte, traute sich der andere nicht, seinen Fuß auf das Seil zu setzen. ›Sage mir: Wie hast du es gemacht, diesen Abgrund zu überwinden?‹ rief er dem Freund hinüber. Der Freund rief ihm zurück: ›Ich weiß es nicht. Wenn es mich nach der einen Seite zog, neigte ich mich zur anderen ...‹.«[42]

Die Heilmethode, die hier zur Anwendung kommt, lautet: Man heilt ein Übel durch sein Gegenteil. Deutlich beschreibt dies FRANZ VON SALES: »Wenn du es mit einem Charakterfehler zu tun hast, mußt du dich möglichst auf die Übung der entgegengesetzten Tugend verlegen und alles damit in Verbindung bringen. So wirst du deinen Feind bezwingen ... Wenn du zum Beispiel zu Stolz oder Zorn geneigt bist, so sollst du dich bei jeder Gelegenheit zu Milde und Demut stimmen und darauf auch deine Gebete und die anderen guten Übungen einstellen.«[43]

Entsprechend lesen wir bei GOETHE: »Der Leichte sehe sich nach Ernst und Strenge um, der Strenge habe ein leichtes und bequemes Wesen vor Augen, der Starke die Lieblichkeit, der Liebliche die Stärke, und jeder wird seine eigene Natur nur desto mehr ausbilden, je mehr er sich von ihr zu entfernen scheint.«[44]

---

[42] Martin Buber: der Gang auf dem Seil, in: ders., Werke, Bd. 3: Schriften zum Chassidismus, München/Heidelberg 1963, 357f.

[43] Franz von Sales: Philothea III, 1.

[44] J. W. von Goethe: Einleitung zur Zeitschrift »Propyläen«.

Die Bibel sagt uns dies allgemein auf ihre Weise: Ihr, die ihr nach dem Fleisch lebtet, lebt jetzt nach dem Geist. Ihr, die ihr von unten her lebtet, lebt jetzt von oben her.

～

Thérèse hatte den einzuübenden Gegensatz zu ihrer Ehrsucht gefunden. Sie suchte das verborgene Leben, das Leben in vollkommener Selbstvergessenheit. Verborgenheit und Selbstvergessenheit, das sind zwei der wichtigsten Begriffe ihres Lebens wie ihrer Lehre:

> »Ich sehne mich danach, vergessen zu werden, und zwar nicht nur von den Menschen, sondern auch von mir selbst«
> (LT 103/ 4(?).5.90)

> »Meine ganze Frömmigkeit basierte auf den Worten des Propheten Jesaja: ›Er hatte weder Glanz noch Schönheit. Wir haben ihn gesehen, und es war kein angenehmer Anblick ... Verachtet und der letzte der Menschen, ein Mann der Schmerzen, der nichts als Schmerzen sein eigen nannte. Sein Antlitz war wie verborgen und verachtet, und wir haben ihn für nichts gehalten‹ (53,1f). Ich sehne mich danach, ohne Glanz und ohne Schönheit zu sein«
> (DE 305/ 5.8.9).

In diesem Zusammenhang können wir auch verstehen, warum Thérèse als zweiten »Adelstitel« wählte: »und vom Heiligen Antlitz«. In der Betrachtung des leidenden Antlitzes entdeckte sie das Geheimnis des im verborgenen, leidenden Gottesknechtes. Da Gott in Jesus verborgen ist, finden ihn viele Menschen nicht; denn die Welt liebt, was glänzt. So ging Thérèse auf: Um den verborgenen Gott zu finden und zu erfahren, muß man selbst im Verborgenen leben:

> »Um etwas Verborgenes zu finden, muß man sich selbst verbergen. Unser Leben muß also ein Geheimnis sein ... Die Nachfolge Christi sagt: ›Lieber unbekannt zu sein und nichts zu gelten‹ (I, 2) ... Und an anderer Stelle: ›Nachdem man alles verlassen hat, muß man vor allem sich selbst verlassen‹ (II,II, 4)« (LT 145/2.8.93).

Thérèse, unerschöpflich in der Erfindung neuer Bilder, will in der Nachfolge Jesu nichts anderes sein als ein kleines Sandkorn, über das man einfach hinwegschreitet.[45]
In den folgenden Bildern stellt Thérèse dar, was Jesus sie in seiner Schule lehrte:

> »So weit wie möglich verberge ich, was ich tue, und lege es auf der Spielbank Gottes an, ohne mich zu sorgen, ob es mir etwas einbringt oder nicht« (CS 31f).

> »Ich spiele auf der Spielbank der Liebe ... Ich spiele ein gewagtes Spiel [...] Ich weiß nicht, ob ich reich oder arm bin. Später werde ich es schon merken« (CS 71).

Thérèse weist ihre Schwester Céline zurecht, die offensichtlich noch nicht so weit ist. Eines Tages äußerte sie nämlich, wie wenig Anerkennung sie für all ihre Bemühungen von der Gemeinschaft erfahre. Da sagte ihr Thérèse:

---

[45] Thérèse von Lisieux: Selbstbiographische Schriften, 279.

»So handeln, würde bedeuten, das Huhn nachahmen, das – sobald es ein Ei gelegt hat – alle Passanten darauf aufmerksam macht. Genauso wollen Sie, kaum daß Sie etwas Gutes getan haben oder eine selbstlose Absicht verfolgten, daß alle Welt es erfährt und Sie beachtet« (CS 30f).

Ein malaysisches Sprichwort sagt: »Schildkröten legen unbemerkt Tausende von Eiern, aber wenn eine Henne ein Ei legt, erfährt es das ganze Land.« Übersehen wir nicht: Der Christ steht nicht in der Nachfolge des Huhns, sondern in der Nachfolge des verborgenen Gottes:

»Gott sagt mir: ›Gib, gib immer wieder, ohne dich um das Resultat zu kümmern‹« (DE 208/15.5.5).

»Geben wir, ohne zu zählen. Eines Tages wird Gott sagen: ›Jetzt ist es an mir!‹« (LT 107/19.–20.5.90).

Diese Worte machen demjenigen Mut, der sich immer wieder um das Gute bemüht, ohne einen Erfolg zu spüren. Mut machen sie aber auch denen, die um das Gute in einer Gemeinschaft besorgt sind und oft resignieren möchten. Oft wollen wir Früchte unserer Mühen sehen, obwohl das Saatgut noch unter der winterlichen Schneedecke ruht. Wer weiß! Daher sollten wir uns wenigstens dann und wann an das Wort erinnern: »Gib, gib immer wieder, ohne dich um das Resultat zu kümmern.«

Selbstvergessen war Thérèse, nicht vergessen bei jenem Gott, der ins Verborgene schaut. Steigen wir in den Aufzug der Liebe. Im Ziel angekommen, wird Gott auch zu uns das Wort sprechen: »Jetzt ist es an mir!«

17 Kämpfen muß, wer Sieger werden will

Wie also groß und weit, ehrfürchtig und glücklich werden? Niemals durch Zufall, sondern nur, indem wir mit guten, großen, weiten und ehrfürchtigen, eben mit vorbildhaften Menschen in Berührung kommen, zu ihnen aufschauen und uns von ihren Werten anstecken lassen. Warum wurden aus so kleinen Leuten, wie sie uns das Neue Testament vorführt, auf einmal so große Menschen? Weil sie in Jesus Christus wahrer Größe begegneten. Von ihren zahlreichen Vorbildern, nach denen Thérèse Ausschau hielt, wählen wir drei aus.

Eine bevorzugte Stelle nahm in ihrem Leben die Gottesmutter ein. Was ihr an dieser Frau besonders nachahmenswert erschien, das waren »die alltäglichsten Tugenden« (DEA 313/23.8.6), die sie übte:

> »Man errät leicht, daß ihr wirkliches Leben in Nazareth und später nur ganz einfach verlaufen konnte ... Man stellt die hl. Jungfrau als unnahbar dar. Man sollte jedoch zeigen, daß sie nachahmbar ist und die verborgenen Tugenden übte« (DEA 313/23.8.6).

Ein wahrhaft freundschaftliches Verhältnis fand sie zur hl. Cäcilia. Und auch dies nicht ohne Grund:

> »Sie wurde meine Lieblingsheilige, meine persönliche Vertraute ... Alles an ihr faszinierte mich, vor allem ihre Hingabe und ihr unbegrenztes Vertrauen ...« (MsA, 61v).

Einen sehr tiefen und nachhaltigen Einfluß auf ihr Leben nahm JEANNE D'ARC. Diese lebte 1412–1431, wurde also nur 19 Jahre alt. Als einfaches Landmädchen eilte sie, von inneren Stimmen getrieben, mit 17 Jahren zum königlichen Heer, um Frankreich von den Engländern zu befreien. Später wurde sie gefangengenommen. Man machte ihr den Prozeß und verurteilte sie zum Feuertod. Am 30. Mai 1431 wurde sie in Rouen verbrannt. Was Thérèse an JEANNE D'ARC bewunderte und verehrte und was ihr selbst einen mächtigen Auftrieb gab, das war das Kämpferische:

»Als ich von den patriotischen Taten der französischen Heldinnen las, besonders von denen der ehrwürdigen Jeanne d'Arc, hatte ich ein starkes Verlangen, sie nachzuahmen. Ich meinte, in mir dieselbe Glut zu spüren, die sie belebte, dieselbe Eingebung des Himmels« (MsA, 32r).

Von sich selbst erklärte Thérèse:

»Ich werde mit der Waffe in der Hand sterben« (DE 639/8.7.1).

—

Hier werden wir auf etwas sehr Wichtiges aufmerksam gemacht: Wahre Größe wird immer erkämpft. Das gilt für den rein menschlichen wie für den religiösen Bereich. Es gibt keinen echten Sieg ohne Kampf:

»Ich hatte keine bequeme Natur. Das fiel nicht auf; aber ich spürte es deutlich. Ich kann Ihnen versichern, daß ich viele Kämpfe hat-

**Auf dieser Welt
lebt keiner vergebens,
der die Bürde eines andern
leichter zu machen versucht.**

Hellen Keller

Dezember ☽ 7° ● ♐

Mittwoch

4

Vom Tage
1. Adventswoche; Violett
Les: Jes 25,6–10a/Ev: Mt 15,29–37
Ps 23(22), 1-3.4.5.6
Barbara, Märt., † um 306; Rot
Johannes von Damaskus,
Priester, Kirchenlehrer, † um 749; Weiß
Sel., **Adolph Kolping**, Priester, † 1865; Rot
Osmund, Christian

Er wird die Finsternis in Licht verwandeln.

SA 8.08 SU 16.16
MA 8.17 MU 16.18

te und daß es keinen Tag gab, an dem ich nicht litt, nicht einen einzigen« (PA 337).

»Man muß kämpfen, bevor man Sieger wird« (RP 1).

Hinzu kommt die seltsame Wahrheit, daß das, was augenblicklich als Niederlage erscheint, sich später als Sieg erweist. Thérèse war also eine Kämpferin:

> *»Wenn ich bedenke, daß ich in einem Bett sterbe! Gerne wäre ich in einer Arena gestorben ...«* (DE 617; Varia 3/11).

> *»Je weiter Sie voranschreiten, um so weniger Kämpfe werden Sie haben, oder besser gesagt: Sie werden diese mit größerer Leichtigkeit gewinnen, weil Sie die gute Seite der Dinge sehen. Dann wird sich Ihre Seele über die Leute erheben. Es ist unglaublich, wie schließlich alles, was man mir sagen mochte, mich nicht einmal berührte, weil ich die mangelhafte Stichhaltigkeit menschlicher Urteile erkannt hatte«* (CS 186).

> *»Anfangs verrieten meine Züge oft den Kampf, aber nach und nach verschwand dieser Eindruck, und das Entsagen wurde mir leicht, selbst im ersten Augenblick«* (MsA, 48v).

> *»Würden Sie doch tun, was ich getan habe: nämlich eine große Anstrengung. Gott verweigert nie die erste Gnade, die den Mut zum Handeln gibt. Danach erstarkt das Herz, und man schreitet von einem Sieg zum anderen«* (DE 312/8.8.3).

»*Wir sollten die Dinge nicht einfach laufen lassen, um unsere Ruhe zu haben. Wir sollten immer kämpfen, selbst wenn wir keine Hoffnung haben, den Kampf zu gewinnen. Was bedeutet schon Erfolg? Gott verlangt von uns, daß wir in den Beschwerlichkeiten des Kampfes nicht aufgeben, daß wir uns nicht entmutigen ...*«* (DE 201/6.4.2).

Gekämpft werden muß also – bis zum Sterbebett.

~

Damit stellt sich die Frage, wo denn der Kampfplatz in Thérères Leben lag. Er lag bei ihr dort, wo er bei uns allen liegt: mitten im eigenen Herzen. Bedenkenswert ist in diesem Zusammenhang ein Wort von REINHOLD SCHNEIDER: »Wenigstens eine Stelle in dieser Welt vermag jeder Mensch zu ändern, und das ist sein eigenes Herz.« Warum tun wir das so ungern? Warum sind wir lieber auf die Änderung anderer als auf die eigene bedacht? Thérèse gibt die Antwort:

> »*Die mühsamste Arbeit von allen Arbeiten ist die an sich selbst, um so weit zu kommen, sich selbst zu besiegen*« (CS 150).

Wie ein Beleg zu diesem Wort sind folgende Worte von DOSTO-JEWSKI: »In der heutigen Welt hält man Zügellosigkeit für Freiheit, während die wirkliche Freiheit doch nur in der Überwindung seiner selbst und seines Willens liegt, so daß man zuletzt einen sittlichen Zustand erreicht, in dem man immer, in jedem Augenblick, sein eigener Herr ist. Die Zügellosigkeit der Wünsche führt nur zur Sklaverei.« Bereits an früherer Stelle ist zu lesen: »Nur durch Arbeit und Kampf ist Selbständigkeit und das Gefühl der eigenen Würde zu erlangen. ›Wenn wir dies erreichen, werden wir selbst besser sein, und mit uns wird auch das Milieu besser werden‹.«[46] Thérèse scheute den Kampf im eigenen Herzen nicht:

> »Ich bin gegen mich selbst im geistigen Bereich in den Krieg gezogen« (DEA 237/3.8.2b).

Damit ist gesagt, wem der Kampf genauerhin gilt. Es ist der Kampf gegen die Hinterlist der eigenen Natur. Thérèse erklärt:

> »Ich könnte [...] diese traurigen Regungen der Natur nicht so gut schildern, hätte ich sie nicht selbst in meinem Herzen gespürt« (MsC, 19r).

Wem wären diese Regungen nicht bekannt? Wir schmeicheln beispielsweise einem anderen, um seine Gunst zu erwerben. Es fällt uns nicht schwer, über andere Ungutes zu sagen. Haben wir aber erfahren, daß andere über uns ungut gesprochen haben, dann werden wir sauer und ziehen – wie wir sagen – die Konsequenzen. Durch Worte oder Taten versuchen wir, uns bewußt oder unbewußt in den Vordergrund zu spielen. Wie oft glauben wir sagen zu müssen: »Das muß ich haben!« Was spielt sich in uns ab, wenn es anderen besser geht als uns selbst, wenn das, was sie vollbracht haben, günstiger beurteilt wird als das unsrige?

Diese Hinweise mögen genügen, um zu verstehen, was Thérèse meint, wenn sie die »Hinterlist der eigenen Natur« ins Auge faßt.

---

[46] Fjodor M. Dostojewski: Tagebuch eines Schriftstellers, München 1977/80, 334 u. 34.

Gegen sie nahm Thérèse den Kampf auf. Dabei machte sie die Erfahrung, wie sehr die Lehre Jesu diesen Regungen der Natur zuwider laufen (vgl. MsC, 18v). Daher ist es ohne Gnade nicht möglich, seine Lehre in die Tat umzusetzen. Mit Gottes Hilfe aber war sie bemüht, eine absolute Herrschaft über ihre Handlungen zu erlangen, um deren Herrin und nicht deren Sklavin zu sein (vgl. MsA, 43r). Knapp zwei Monate vor ihrem Tod konnte sie schreiben:

»Die Gnade, die in meiner Seele wirksam wurde, hat in einem großen Ausmaß die Herrschaft über meine Natur errungen«
(DE 298/2.8.4).

18 Im Gebet liegt des Menschen Stärke

Es gibt viele Reiche in dieser Welt. Sie sind gesichert durch Grenzen. Unter besonderer Bewachung stehen die schwachen Stellen. Mitten in uns gibt es jedoch ein ganz anderes Reich, das Reich Gottes, die Welt Gottes, die Jesus in uns eröffnet hat:

> *»Ich kenne und weiß aus Erfahrung: ›Das Reich Gottes ist mitten in uns‹ (Lukas 17,21)«* (MsA, 83v).

Eine Geschichte der deutschen Mystik erzählt, wie MEISTER ECK-HART jahrelang darum betete, er möge einmal jemandem begegnen, dem man anmerken könne, daß ihm jene Welt Gottes aufgegangen ist und der in dieser Welt Gottes lebt. Eines Tages erfüllte sich sein Wunsch. Vor der Kirche fand er einen Bettler in schäbigen und zerrissenen Kleidern, die kaum den Wert von ein paar Groschen hatten.

MEISTER ECKHART begrüßte den Bettler mit den Worten: »Gott schenke dir einen guten Tag, Bruder!« »Ich hatte noch nie einen schlechten«, entgegnete ihm dieser. Erstaunt fragte der Meister, wie so etwas möglich sei. Der Bettler sagte es ihm: »Ich habe gelernt, in Gottes Gegenwart zu leben. Wenn es regnet oder schneit, wenn ich friere oder wenn es schönes Wetter ist, dann danke ich Gott dafür, und so ist es ein guter Tag. Was er mir schickt, sei es Freude oder Schmerz, nehme ich an; denn ich weiß, daß es für mich das Beste ist. Darum kenne ich kein Unglück.«

»Wer bist du eigentlich?« fragte ihn MEISTER ECKHART. Und wieder antwortete der Bettler zur Verwunderung des Meisters:

»Ich bin ein König!« »Und wo ist dein Königreich?« »Mein Königreich ist meine Seele. Sie ist größer als irgendein Königreich der
Erde.« »Wie hast du es zu dieser Vollkommenheit gebracht?« »Alles habe ich auf Gott hin losgelassen. So habe ich in ihm vollkommene Ruhe, innere Freude und ewigen Frieden gefunden.
Welches Königreich wäre damit zu vergleichen?«[47]

Diese Geschichte gibt uns eine Ahnung vom Reich Gottes, das
mitten in uns ist: das Reich der Wahrheit und der Glückseligkeit,
das Reich der Ruhe, der Freude und des Friedens. Aber selbst in dieses Reich versuchen die Mächte der Finsternis einzubrechen, um
den inneren Frieden auf den Kopf zu stellen. Dabei haben diese
Mächte ihre eigene Taktik.

Es versteht sich, daß sich Thérèse nicht auf die Machenschaf-
ten der Mächte der Finsternis einzulassen gedachte. Sie kannte ihre
schwachen Stellen. Deshalb war sie gerade dort besonders wachsam und nüchtern. Wachsam müssen wir sein, weil jene Mächte
plötzlich und unerwartet angreifen. Nüchtern müssen wir sein, weil
sie uns in einen rauschhaften Zustand versetzen und uns so die Be-
sonnenheit, die Klarheit und das Augenmaß nehmen.

Nennen wir einige Verhaltensweisen, die Thérèse angesichts
des bösen Feindes mit Erfolg praktizierte:

*»Ich kehre meinem Gegner den Rücken, ohne ihn eines Blickes zu
würdigen«* (MsC, 7r).

*»Alle diese Versuchungen muß man verachten, ihnen keine Auf-
merksamkeit schenken«* (LT 92/30.5.89).

[47] Meister Eckhart: Deutsche Traktate, hrsg. v. Josef Quint, München 1963, 444.

In ihrem Buch »Der Meister, die Mönche und ich« kommt GERTA ITAL auf die Notwendigkeit der »Gedankenkontrolle« zu sprechen: »Das schreibt sich leicht hin ... Aber getan ist es nicht leicht; denn wenn man Erfolg haben will, dann muß diese Arbeit an sich selbst rigoros sein. Halbheiten führen zu nichts. Man muß gewissermaßen sein eigener Wachhund werden, der sofort anschlägt, wenn sich etwas Verdächtiges regen will ... Das Leben wird nicht verfehlen, den Menschen unaufhörlich vor neue Bewährungsproben zu stellen.«[48] Es geht hier also um einen entschlossenen und festen Willen:

> »Die Mächte des Bösen sprechen: ›Wir erreichen alles. Nur gibt es da diesen Hund von gutem Willen. Den können wir niemals überwältigen!‹« (CS 22).

~

So verschiedenartig unsere schwachen Stellen sind, gleich hingegen sind die Waffen, die wir gebrauchen müssen, damit die Macht des Bösen nicht in uns einbricht. Die wichtigste Waffe für Thérèse war neben der Gedankenkontrolle das Gebet. Gebet – verstanden als das ›Im-Herrn-Sein‹, als das ›In-Kontakt-Bleiben‹ mit der Quelle des Lichtes und des Lebens. Durch ein solches Gebet bleiben wir Leuchttürme für andere:

> »Das Gebet ist es, das Opfer, was meine Stärke ausmacht. Das sind die unbesiegbaren Waffen, die Jesus mir gegeben hat. Vielmehr als

---

[48] Gerta Ital: Der Meister, die Mönche und ich, Weilheim 1988, 5ff.

*Worte vermögen sie die Seelen zu treffen. Diese Erfahrung habe ich
sehr oft gemacht«* (MsC, 24v).

*»Ich fühle, daß es besser war, mit Gott zu sprechen als über ihn;
denn in die geistlichen Gespräche mischt sich so viel Eigenliebe«*
(MsA, 41r).

Gebet und Opfer werden hier in einem Atemzug genannt. Vielleicht
deshalb, weil das Gebet selbst ein Opfer ist. Vor allem müssen
wir loslassen, was wir augenblicklich tun:

*»Das Gebet ist die Zeit des lieben Gottes. Man darf sie ihm nicht
wegnehmen«* (CS 77).

In der Zeit des Gebetes nimmt Gott seine Operationen an uns vor.
In diesem Sinn sagt TERESA VON ÁVILA: »Das große Geheimnis
des Gebetes besteht darin, Gott wirksam werden zu lassen.« Das
Gebet ist also die Zeit, in der Gott an uns etwas tun will. Wir sollen diese Zeit Gott lassen, auch wenn unser Herz trocken ist, auch
wenn uns die Müdigkeit überfällt. Es geht hier nicht zuletzt um die
Treue, durch die wir uns im Aushalten einüben:

*»Ich sollte trostlos darüber sein, daß ich (seit sieben Jahren)
während meiner Betrachtungen und Danksagungen einschlafe.
Nun, es betrübt mich nicht ... Ich denke, die kleinen Kinder gefallen ihren Eltern ebenso sehr, wenn sie schlafen, wie wenn sie
wach sind. Ich denke auch daran, daß die Ärzte ihre Patienten ein-
schläfern, wenn sie eine Operation vornehmen. Schließlich denke
ich: ›Der Herr kennt unsere Gebrechlichkeit und ist eingedenk, daß
wir Staub sind‹«* (MsA, 75v/76r).

Aus diesen Worten klingt das positive Denken der Heiligen. Thérèse nahm am gemeinschaftlichen Gebet selbst dann teil, als es ihr sehr schlecht ging. Sie meinte, die anderen würden es schon merken, wenn sie umfalle.

~

Für Thérèse war das Gebet die Erhebung des Herzens über die vergängliche Welt. Im Gebet verewigen wir unser vergängliches Leben mit dem ewigen Dasein Gottes:

> *»Wie groß ist unsere Seele. Erheben wir sie über alles Vergängliche ... Weiter oben ist die Luft so rein«* (LT 57/23.7.88).

> *»Für mich ist das Gebet ein einfacher Blick zum Himmel empor (...); kurz, es ist etwas Großes, Übernatürliches, das mir die Seele ausweitet«* (MsC, 25r/25v).

> Dabei *»ist es durchaus nicht nötig, ein schönes, für den entsprechenden Fall formuliertes Gebet aus einem Buch zu lesen, um Erhörung zu finden [...] Neben dem göttlichen Offizium, das zu beten ich sehr unwürdig bin, habe ich nicht den Mut, mich zum Suchen schöner Gebete in Büchern zu zwingen. Das macht mir Kopfweh. Es gibt ihrer so viele ... Und dann ist jedes schöner als das andere ... Ich könnte nicht alle beten, und da ich nicht weiß, welches auswählen, mache ich es wie die Kinder, die nicht lesen können. Ich sage dem lieben Gott einfach, was ich ihm sagen will, ohne schöne Phrasen zu machen, und Er versteht mich immer«* (MsC, 25r).

Hilfreich war Thérèse vor allem das einfache Gebet. Es geht von uns selbst aus. Wir nehmen irgendeine Anregung auf, überdenken sie und suchen Gott durch Akte des Glaubens und der Liebe innerlich näherzukommen. Thérèse konnte ein hastiges und wortreiches Beten nicht ausstehen:

>*»Wenn sich mein Geist in so großer Trockenheit befindet, daß es mir unmöglich ist, daraus einen Gedanken zu ziehen, um mich mit Gott zu vereinen, dann bete ich sehr langsam ein ‹Vaterunser› und dann den ›Englischen Gruß‹. Diese Gebete beflügeln mich. Sie geben meiner Seele weit mehr Nahrung als wenn ich sie überstürzt hundertmal heruntergesagt hätte«* (MsC, 25v).

>*»Vater unser im Himmel‹. Wie trostreich ist dieses Wort; welch unendlichen Horizont eröffnet es unseren Augen«* (LT 127/26.4.91)

Neben diesem einfachen Gebet kannte Thérèse vielfältige Formen des inneren Gebetes. Sie kannte das Gebet als das liebende Verweilen bei Gott. Ihre leibliche Schwester CÉLINE erzählt:

>*»Gegen ihren Willen stand ich oft in der Nacht auf, um nach ihr zu sehen. Einmal fand ich meine Schwester mit gefalteten Händen und zum Himmel gerichteten Augen. ›Was machen Sie da?‹ fragte ich sie. Sie sollten versuchen zu schlafen!‹ ›Ich kann nicht; ich leide zu sehr; daher bete ich ...‹ ›Und was sagen Sie Jesus?‹ ›Ich sage ihm nichts, ich liebe ihn!‹«* (DE 610/9.2).

---

[49] Augustinus, PL 38, 441.

Sie kannte das Gebet als das Schauen des Schauenden: »Videntes videre.«[49] Dabei ging es ihr um das Schauen der schauenden Augen des Gekreuzigten und um das schweigende Gespräch mit ihm:

»Dein Antlitz ist mein einziger Reichtum« heißt es in einem ihrer Gedichte. Solch liebendes »Beim-Herrn-Sein« war für sie die Höchstform des Gebetes.

Darüber hinaus spricht Thérèse vom Gebet als der Möglichkeit, sich in Gott hineinzuverlieren. Dabei verliert sich unser endliches Wesen in die Unendlichkeit Gottes:

> »Ich war verschwunden, wie der Wassertropfen im weiten Meer sich verliert« (MsA, 35r).

Für Thérèse bedeutet aber Beten nicht nur das Einswerden mit Gott, sondern auch das Eintreten für die anderen vor Gott:

> »Apostel der Apostel werden durch Gebet und Opfer« (MsA, 50r).

Wie andere unseren Gebeten viel verdanken, so verdanken wir viel dem Gebet der anderen, die für uns oft genug unbekannt und verborgen bleiben. Alles in allem war für Thérèse das Gebet der Hebel, der die Welt, d.h. ihr Leben, das Leben ihrer Gemeinschaft aus den Angeln hebt:

> »Ein Gelehrter hat gesagt: ›Gebt mir einen Hebel, einen Stützpunkt, und ich werde die Welt aus den Angeln heben.‹ Was Archimedes nicht erreichen konnte [...], das erlangten die Heiligen in seiner ganzen Fülle. Der Allmächtige gab ihnen als Stützpunkt: GOTT SELBST und

GOTT ALLEIN, als Hebel: das Gebet, und auf diese Art haben sie die Welt aus den Angeln gehoben, und auf diese Art heben die heute streitenden Heiligen sie aus den Angeln, und bis zum Ende der Welt werden es die künftigen Heiligen ebenfalls tun« (MsC, 26r/26v).

V
GOTTES CHARAKTER
KENNENLERNEN

19 Wer sich in die Bibel vertieft,
lernt Gottes Charakter kennen

Manche Menschen sind aus der Weltgeschichte nicht mehr wegzudenken. Zu ihnen gehört der alte griechische Philosoph SOKRATES. Seine Mutter war Hebamme, sein Vater Bildhauer. Von beiden lernte er, verborgene Schätze ans Licht zu heben. Dabei ging er von dem Gedanken aus, daß in jedem Menschen viel Gutes liegt. Dieses muß gehoben und ausgesprochen werden. Das war für ihn der Inbegriff seiner mitmenschlichen Zuwendung.

Ist damit nicht auch uns Entscheidendes gesagt? Wie oft glauben wir dieser sokratischen Weisheit nicht? So lassen wir manch einen einfach links liegen, sind an ihm nicht interessiert, und weil wir uns nicht die Mühe machen, seine inwendigen Reichtümer kennenzulernen und zu heben, bleiben wir selbst seelisch arme Leute. EUGEN ROTH hat ein Gedicht geschrieben, von dem die Erneuerung all unserer mitmenschlichen Beziehungen, ja, die Erneuerung eines ganzen Gemeinschaftslebens ausgehen könnte:

»Kontaktlos

Ein Mensch mag noch so wertlos sein –
Er ist doch nicht nur tauber Stein:
Hat er nicht gleich ein goldnes Herz,
Ein bißchen führt ein jeder Erz:
Sei's Silber, Kupfer, Eisen, Zinn,

Ja, sei's nur Blei – es steckt was drin.
Jedoch kein Mensch, obwohl er dürft,
In andern Menschen tiefer schürft,
Weil er von vornhinein betont,
Daß sich der Abbau wohl nicht lohnt.«[50]

Wie reich ist eine Gemeinschaft, wenn man ihre Mitglieder gleichsam als »Bergwerke« versteht, in denen sich wertvolle Schätze verborgen halten, vor allem wenn wir dies unter einem religiösen Gesichtspunkt sehen. Wen von uns hätte denn Gott nicht in irgendeiner Weise reich beschenkt? Hinzu kommt der Gedanke, daß es Gottes Vorsehung gewesen ist, die jeden einzelnen einer Familie oder einer Gemeinschaft zugeführt hat.

⁓

Es gibt jedoch nicht nur eine »Menschenvorsehung«, sondern auch eine »Büchervorsehung«, »die uns oft in der verblüffendsten Weise das rechte Buch zur rechten Stunde – (denn jedes für uns wichtige Buch hat seine Stunde) – in die Hände spielt« (IDA F. GÖRRES). So kann auch ein Buch mit einem ansprechenden Inhalt den in uns schlummernden Reichtum wecken und uns einen entscheidenden Anstoß geben, einen Stoß, der uns das Tor zu ganz neuen Welten aufstößt.

Hier interessiert uns nun die Frage, wie sich die »Büchervorsehung« im Leben Thérèses ausgewirkt hat. Thérèse las gern, und

⁵⁰ Eugen Roth: Sämtliche Werke. Erster Band: Heitere Verse, 1. Teil, München/Wien 1977, 229.

wenn sie las, vergaß sie nach ihren eigenen Worten die Zeit. Als junges Mädchen liebte sie Ritterromane. Auf diese Weise lernte sie auch das Leben der JEANNE D'ARC kennen. Das Vornehme, Adlige und Ritterliche, sowie der Mut zum Kämpferischen in ihr erhielten hier ihre Nahrung.

Das »Brot« ihres Lebens wurde bald die »Nachfolge Christi« von THOMAS VON KEMPEN, die sie auswendig kannte. Dieses Buch war zu jener Zeit das einzige, das ihrer Seele guttat (vgl. MsA, 47r). Über dieses Buch schreibt denn auch IDA F. GÖRRES: »Thomas von Kempen ist ausgesprochene Altersweisheit, letzte Ernte einer ganz reif und still gewordenen Seele, aller Phantasie und Grübelei entwachsen, allem Traum und aller Enttäuschung entrückt. Diese Einfalt gewordene Weisheit hat sich die Sprache geschaffen, so leise und sparsam, so behutsam und genau, daß der junge Mensch, der Anfänger, in der Regel enttäuscht wie über Gemeinplätze und Binsenweisheiten hinwegliest.«[51]

»Honig und Öl« bot ihr ein anderes Buch: Vorträge eines Abbé ARMINJON: »Über das Ende der Welt und die Geheimnisse des zukünftigen Lebens«. Dieses Buch ist nicht mehr aufzufinden. Die Schwestern vom Karmel hatten es ihrem Vater ausgeliehen, und so wurde es auch zur Lektüre von Thérèse. Ging sie bei THOMAS VON KEMPEN in die Schule der Weisheit, Einfachheit und Schlichtheit, so entfaltete das Buch von Abbé ARMINJON ihre unstillbare Himmelssehnsucht.

Mit 17 und 18 Jahren schöpfte sie ihre geistige Nahrung hauptsächlich aus den Schriften des JOHANNES VOM KREUZ. Aus ihnen empfing sie viele geistliche Erleuchtungen (vgl. MsA,

---

[51] I. Fr. Görres, aaO., 161.

83r). Durch die Beschäftigung mit diesem großen Mystiker aus ihrem Orden fand sie den Weg zur Bibel.

Für Thérèse ist die Bibel der unmittelbare Kontakt mit Gott. Darum gibt sie alle Bücher auf, um sich allein dem Studium der Schrift zu widmen. Sie las die Bibel, um Gott kennenzulernen, sozusagen seinen Charakter zu entdecken. Vor allem die Evangelien gaben ihr das Nötige für das innere Gebet. Die Abweichungen in den Übersetzungen betrübten sie sehr. Am liebsten hätte sie Hebräisch und Griechisch studiert, um das Wort Gottes im Original zu lesen. Doch hören wir, was Thérèse selbst über die Heilige Schrift sagt:

»Manchmal, wenn ich gewisse geistliche Abhandlungen lese, in denen die Vollkommenheit durch tausenderlei Erschwernisse hindurch ... beschrieben wird, ermüdet mein ... Geist sehr schnell. Ich schließe das gelehrte Buch ... und greife zur Heiligen Schrift. Dann erscheint mir alles voll Licht. Ein einziges Wort erschließt mir unendliche Horizonte. Die Vollkommenheit erscheint mir leicht. Ich sehe, daß es genügt, sein Nichts zu erkennen und sich wie ein Kind Gott in die Arme zu werfen« (LT 226/9.5.97).

⁓

Wie DOSTOJEWSKI war Thérèse der gläubigen Überzeugung, daß es auch eine »Bibelvorsehung« gibt. Bleiben wir einen Augenblick bei DOSTOJEWSKI. In seinem Roman »Die Dämonen« liest Sofja Matwéjewna dem krank zu Bett liegenden Stepan Trofimowitsch aus der Bibel vor. Nach einer kurzen Unterbrechung sagt dieser: »Lesen Sie mir noch etwas vor, schlagen Sie auf gut Glück das Buch auf und lesen Sie das, worauf Ihr Blick zuerst fällt.« Sofja Matwéjewna schlug das Buch auf und wollte beginnen... »Wo es sich von selbst aufschlägt, wo es sich von selbst aufschlägt«, wiederholte er.[52]

Hier sehen wir, was DOSTOJEWSKI unter »Bibelvorsehung« und unter »Bibelstechen« verstand. Er praktizierte es noch an seinem Sterbetag. An ihm sagte er: »Ich weiß, daß ich heute sterben muß.« Seine Frau versuchte, ihn zu beruhigen. Er aber erwiderte ihr: »Gib mir das Evangelium.«

Die erbetene Ausgabe war für ihn über viele Jahre hinweg ein guter Ratgeber gewesen. Wenn er über etwas im Zweifel war und keine Entscheidung treffen konnte, dann öffnete er dieses Buch und las, was auf der zuerst aufgeschlagenen linken Seite stand. So tat er es auch diesmal. Er schlug das Buch auf und bat seine Frau, ihm vorzulesen. Seine Frau las: »Evangelium nach Matthäus 3,14–15: ›Aber Johannes wehrte ihm und sprach: Ich bedarf wohl, daß ich von dir getauft werde, und du kommst zu mir? – Jesus antwortete und sprach zu ihm: Halte mich nicht zurück! ...‹ ›Hörst du: Halte mich nicht zurück!, folglich sterbe ich‹«, sagte DOSTOJEWSKI und schloß das Buch. Um 20.30 Uhr ging er in Gottes Ewigkeit ein.[53]

Wie DOSTOJEWSKI liebte auch Thérèse das sogenannte Bibelstechen, d.h. sie öffnete die Heilige Schrift einfach so, wie es der Zufall wollte. Dabei erwartete sie, daß der Vers, auf den ihr Auge zuerst fiel, der ihr von Gott zugeführte sei, um ihr die Lösung einer Frage oder die Erhellung eines Zweifels zu bringen.[54]

---

[52] Fjodor M. Dostojewski: Die Dämonen, München 1977/80, 957.

[53] Fjodor M. Dostojewski: Erinnerungen, München/Zürich 1980, 368–371, sowie: Zenta Maurina: Dostojewski, Memmingen 1981, 154–157.

[54] Vgl. Hans Urs von Balthasar, aaO., 78.

»Sogleich fühlte ich den Antrieb, das Evangelium aufzuschlagen. Und indem ich es aufs Geratewohl öffnete, fiel mein Blick auf diese Stelle, die ich bisher nie beachtet hatte.«[55]

Oder man überdenke jene Stelle gleich zu Beginn ihrer *Selbstbiographischen Schriften*, wo sie über das Geheimnis ihrer Berufung nachsinnt:

»Als ich dann das Hl. Evangelium aufschlug, fielen meine Augen auf die Worte: ›Als Jesus auf einen Berg gestiegen war, rief er zu sich, die e r w o l l t e, und sie kamen zu ihm‹ (Markus 3,13). Hier ist es, das Geheimnis meiner Berufung, meines ganzen Lebens ... Er beruft nicht die, die würdig sind, sondern die er berufen will« (MsA, 2r).

Für den gläubigen Christen ist die Verkündigung des Evangeliums bei einer Eucharistiefeier so etwas wie ein uns abgenommenes Bibelstechen. Daher sollte der Augenblick, da die Frohe Botschaft verkündet wird, einer der bedeutsamsten Augenblicke unseres Tagesablaufs sein. Innerlich geöffnet, sollten wir auf jenes Wort hören, das uns Gott für diesen konkreten Tag zusprechen will.

Oder Thérèse las die Bibel systematisch. Sehr liebte sie den Propheten Jesaja. Sie las ihn, las 50 Kapitel, ohne in besonderer Weise von einem Vers angesprochen zu werden. Dann aber fand sie plötzlich und unerwartet im 53. oder 66. Kapitel das Wort, das ihr entscheidend weiterhalf. In einem solchen Augenblick freute sie sich wie jene Frau, die endlich die verlorene Drachme wiedergefunden hatte (vgl. Lukas 15,18).

[55] Ebd., 79; vgl. dazu: DEA 44/21.–26.5.11.

Oder sie erlebte irgend etwas und brachte dieses Erlebnis in Zusammenhang mit einem ihr bekannten Bibelwort. So erfaßte sie aufgrund eines herausgefallenen Bildchens intuitiv ihre Berufung zum Mitleiden. Es geht ihr der Durst des Herrn auf und sofort erinnert sie sich an das Wort Jesu am Kreuz: »Mich dürstet« (Johannes 19,28).

Verdeutlichen wir abschließend an zwei Stellen, wie originell Thérèse die Bibel zu lesen verstand:

»Hören wir, was er uns sagt: ›Steigt schnell herab, ich muß heute in eurem Hause bleiben‹ (Lukas 15,9). Wohin aber sollen wir herabsteigen? Einst fragten die Juden: ›Meister, wo wohnst du?‹ (Johannes 1,39). Und er antwortete ihnen: ›Die Füchse haben ihre Höhle und die Vögel des Himmels ihre Nester. Ich aber habe nichts, wohin ich mein Haupt legen kann‹ (Matthäus 8,20). Das ist es, wohin wir hinabsteigen müssen, um Jesus als Wohnung dienen zu können: Jesus will, daß wir ihn in unseren (leer und arm gewordenen) Herzen empfangen. Leider fühle ich, daß meines noch nicht ganz leer ist von mir selbst. Deshalb sagt Jesus zu mir, ich soll hinabsteigen – hinabsteigen in mein Herz, um es von mir selbst leer zu machen, damit er darin wohnen kann« (LT 137/19.10.92).

»Wenn man uns nicht versteht und uns ungünstig beurteilt, was bringt es, wenn wir uns dann verteidigen oder uns zu erklären suchen? Lassen wir das sein, sagen wir nichts. Es tut so gut, nichts zu sagen, sich beurteilen zu lassen, gleich wie. Im Evangelium sehen wir keine Spur davon, daß sich Maria rechtfertigte, als ihre Schwester sie anklagte, weil sie sich zu Füßen Jesu gesetzt hatte, ohne etwas zu tun. Keineswegs sagte sie: ›Martha, wenn du das

Glück erahnen könntest, das ich empfinde, wenn du die Worte hören würdest, die ich höre. Und außerdem, es ist Jesus, der mich darum gebeten hat, hier zu bleiben.‹ Nein, sie zieht es vor zu schweigen. Glückliches Schweigen, das der Seele einen solchen Frieden schenkt« (DE 201/6.4.1).

20 Die Lehre vom »kleinen Weg« in der Feuerprobe des Leids

»Wenn ein Mensch nicht mehr anders kann, dann zeigt er, wer er ist.« Dieses Wort GOETHES ist so wahr wie kurz. Es bedeutet: Wie es in einem Menschen inwendig wirklich aussieht, das offenbart sich in den Stunden schicksalhafter Prüfungen, in den Augenblicken, da etwas Schweres auf ihn zukommt, da eine ernste Krankheit ihn heimsucht, ein schweres Leid ihn in seine Arme nimmt. Solche oder ähnliche Stunden sind Stunden der Wahrheit. Oft genug kann man nur staunen, welche menschliche Größe in solchen Stunden bei Menschen zutage tritt. Einer von ihnen ist Thérèse gewesen.

An dieser Stelle wollen wir ein Dreifaches zeigen: Zunächst soll kurz skizziert werden, daß das Leben Thérèses von Leid umstellt war. Dann wollen wir bedenken, wie sie ihrem Leid begegnet ist. Schließlich betrachten wir die Erfahrungen, die ihr das Leid vermittelte.

Das Leben der hl. Thérèse war – je mehr ihr irdisches Leben zu Ende ging, desto mehr – von Leid umstellt. Sie war 23 Jahre alt, als sie von der galoppierenden Schwindsucht heimgesucht wurde, die sie eineinhalb Jahre später nach einem schweren Todeskampf ersticken ließ.

Erwähnen sollten wir auch, daß – der medizinischen Forschung um die Jahrhundertwende herum entsprechend – die Behandlungsmethoden nicht gerade zimperlich gewesen sind. Ihre Schwester CÉLINE, die das Amt der Krankenschwester inne hatte, schreibt: »Ich sehe sie noch, wie sie mit einer glühenden Nadel mehr als 500 Einstiche in den Rücken erhielt. (Ich habe sie genau gezählt)« (CS 172). Wie Thérèse selbst ihre Todeskrankheit empfand, geht aus folgenden Worten hervor:

>*Welche Gnade, den Glauben zu haben. Wenn ich den Glauben nicht hätte, hätte ich ohne zu zögern Selbstmord begangen ...«* (DE 371/22.9.6).

»Ich verstehe sehr gut, daß diejenigen, die keinen Glauben haben, sich das Leben nehmen, wenn sie so leiden« (PA 204).

»Es wundert mich, daß es unter den Atheisten nicht mehr gibt, die sich selbst das Leben nehmen« (PO 472).

Neben ihr körperliches Leid, wenn man ein körperliches Leid überhaupt auf den Körper allein beziehen kann, trat das seelische. Es wurde ausgelöst, als ihr Vater, den sie sehr liebte, mehr und mehr von einer geistigen Umnachtung überfallen wurde. Sein Zustand verschlimmerte sich schließlich so sehr, daß er in eine Heilanstalt eingeliefert werden mußte, wo er drei Jahre festgehalten wurde. Er starb 1894.

»In unserem geliebten Vater hat Jesus den empfindlichsten äußeren Teil unseres Herzens getroffen« (LT 137/19.10.92).

Hinzu kam das böse Gerede der Leute, das Thérèse schmerzlicher empfand als jene vorhin erwähnten 500 Nadelstiche. Damit noch nicht genug. Das schwerste Leid, das sie auszuhalten hatte, war das Hineingehaltenwerden in die Nacht des Nichts:

»Gott prüft uns in dem, was uns am teuersten ist«
(LT 68/25. 11.88).

Sie fühlte sich wie in einem dunklen Tunnel, in dem absolut nichts mehr zu sehen ist. Sie glaubte, vor einer Mauer zu stehen, die bis zum Himmel reicht und alles verdeckt. Ein massiver Zweifel an das Ewige Leben überkam sie und stellte ihr ganzes Glaubensleben in Frage:

> *»Ich konnte mir nicht vorstellen, daß es wirklich gottlose Menschen gibt, Menschen, die keinen Glauben haben. Ich meinte immer, sie sprächen gegen ihre bessere Erkenntnis, wenn sie die Existenz des Himmels leugneten ... Jesus aber ließ mich fühlen, daß es tatsächlich Menschen gibt, die den Glauben nicht haben [...] Er ließ zu, daß dichteste Finsternisse in meine Seele eindrangen und daß der mir kostbare Gedanke an den Himmel bloß noch ein Anlaß zu Kampf und Qual war [...] Man muß durch diesen dunklen Tunnel gewandert sein, um zu wissen, wie finster er ist«* (MsC, 5v).

In diesen Situationen war ihr nur noch das undurchschaubare Wort Gottes geblieben, und auf dieses Wort setzte sie. Genau das aber ist biblischer Glaube. Biblischer Glaube im eigentlichen Sinn beginnt ja erst dort, wo einem nichts mehr bleibt als Gottes Wort, das einem zu allem noch völlig sinnwidrig erscheint. So erweist sich Thérèse als Schicksalsgefährtin aller, die von einer schweren Krankheit heimgesucht sind; als Schicksalsgefährtin aller, auf denen ein schweres seelisches Leid lastet; als Schicksalsgefährtin aller, die keinen Glauben haben, die ohne Hoffnung leben und das Leben sinnlos finden, die sich hineingehalten fühlen in die Nacht des Nichts.

Thérèse steht im Giebel der ihr zu Ehren gebauten Basilika. Das ist ein symbolischer Ausdruck dafür, daß sie auf ihrem »kleinen Weg« zur Höhe gelangte. Wie war es ihr möglich, diesen Weg so zu gehen, daß sie aus der Tiefe in die Höhe, aus dem Dunkel in das Licht gelangte? Die Antwort, die auch für uns bedeutsam ist, findet sich in einem ihrer Briefe:

»Die kleinen Kreuze sind meine ganze Freude. Sie sind alltäglicher als die schweren und bereiten unser Herz, diese dann anzunehmen, wenn unser guter Meister es will« (LT 148/13.8.93).

Annahme der alltäglich anfallenden Widerwärtigkeiten, Ungereimtheiten, Schwierigkeiten, Sorgen und Strapazen, Bejahung von Situationen, in denen man einen kleinen Verzicht leisten muß, ein kleines Opfer bringen kann, das sind die kleinen Kreuze, durch die uns die Kraft wächst, auch die großen Kreuze anzunehmen, wenn der Tag kommt, da unser guter Meister es will. Im Hinblick auf diesen Tag sagt Thérèse:

»Ein Tag, der ohne Opfer vorübergegangen ist, ist ein verlorener Tag« (LT 47/8.5.88).

Thérèse gesteht, daß es in ihrem Leben nicht immer so war:

»Wenn ich früher, als ich noch in der ›Welt‹ lebte, morgens erwachte, dachte ich an das, was im Verlauf des Tages wahrscheinlich auf mich zukommen würde. Und sah ich nur Unannehmlichkeiten voraus, dann stand ich niedergeschlagen auf. Heute ist es genau umgekehrt … Ich erlebe mich um so fröhlicher und mutiger, als ich mehrere Gelegenheiten voraussehe, Jesus meine Liebe zu bezeugen« (PO 457).

Geändert hat sich ihre innere Einstellung zum Schweren und Leidvollen. Hatte sie früher mit Traurigkeit gelitten, so tat sie es jetzt mit Liebe:

»Das Leiden streckte seine Arme nach mir aus, und ich warf mich mit Liebe hinein« (MsB, 69v).

Leid in Liebe annehmen – Thérèse lernte es durch die Übernahme der vielen kleinen Kreuze mitten im alltäglichen Leben. Aber nicht nur dadurch erwarb sie sich ihre große Leidensfähigkeit. Ein Weiteres muß hier genannt werden, etwas, was uns Menschen von heute fremd geworden ist. Regelmäßig ging sie den Kreuzweg des Herrn. Sie ging ihn – wie JÖRG ZINK es empfiehlt – Station für Station. So übte sie ein, was angesichts von Leid, Schuld und Tod gekonnt sein will. Sie sah den betenden Herrn in der Nacht vor seiner Kreuzigung im Garten Getsemani und lernte, auf ihren eigenen Willen zu verzichten. Sie sah, wie Jesus gefangengenommen wurde und lernte, ihre Freiheit hinzugeben. Sie sah, wie man Jesus ins Verhör nahm und lernte, nicht weiterhin auf ihr Recht zu pochen. Sie sah, wie man Jesus geißelte und erkannte, daß nicht der heile und robuste, sondern der verwundbare Mensch der eigentliche Mensch ist. Sie sah, wie Jesus verspottet wurde und lernte, die Einsamkeit auszuhalten. Sie sah Jesus das Kreuz tragen und erfuhr, daß die Jesusgeschichte die Geschichte des eigenen Lebens ist.

Thérèse gab ihrem Leid dadurch einen Sinn, daß sie es stellvertretend durchlitt; stellvertretend für alle, die im Gottesreich arbeiten, für alle, die sich in der Dunkelheit der Schuld befinden und das Licht scheuen; stellvertretend für alle, die in der Nacht des

Unglaubens leben. Leid in Liebe annehmen, um es wie Jesus vor Gott für andere stellvertretend zu durchleiden – so könnte man ihr Leidensgeheimnis zusammenfassen. Es müßte das Geheimnis unseres eigenen Lebens werden. Wo das der Fall ist, werden wir mitten im angenommenen Leid ungewöhnliche Erfahrungen machen.

~

Um welche Erfahrungen es hier geht, lassen wir uns von Thérèse sagen:

»Wenn man etwas liebt, schwindet der Schmerz (Augustinus)«[56]
(LT 197/17.9. 96).

»Ich habe oft bemerkt, daß es gut und nachsichtig anderen Menschen gegenüber macht, wenn man Leid zu tragen hat«
(DEA 119/6.7.6).

»Gott gibt mir genau das, was ich zu tragen vermag«
(DE 340/25.8.2).

»Ich habe keine Angst; Gott wird mir die Kraft geben. Er läßt mich nicht im Stich« (DE 294/31.7.14).

»Während ich in meiner Kindheit in Traurigkeit litt, so leide ich jetzt nicht mehr in dieser Weise, sondern in Freude und Frieden. Ich bin wirklich glücklich zu leiden« (MsC, 4v).

[56] Augustinus: De bono viduitatis, 21,26.

»Ich habe mir angewöhnt, das Leiden stets freundlich zu emp-
fangen« (CS 173).

»Gott allein muß uns genügen, wenn es ihm gefällt, den Ast, der
den kleinen Vogel trug, wegzuziehen. Der Vogel hat Flügel, er ist
zum Fliegen geschaffen« (LT 250/7(?)). *97).*

»Die drei Jahre des Martyriums von Papa schienen mir die liebsten
und fruchtbarsten unseres ganzen Lebens. Ich würde sie nicht ge-
gen alle Ekstasen und Offenbarungen der Heiligen eintauschen«
(MsA, 73r).

»Liebend leiden, das ist das reinste Glück« (PN 54,16).

Diese Worte erinnern mich an den Eindruck, den ich einmal in Ra-
venna angesichts des Grabdenkmals der römischen Kaiserin GAL-
LA PLACIDIA (389/93–450) hatte. Von außen besehen: ein keineswegs ansehnlicher Bau. Geht man jedoch hinein, dann hat
man den Eindruck, als öffne sich einem der Himmel auf Erden.
Ähnlich könnte es auch mit dem Leid sein. Von außen betrachtet,
kann es nur eine abschreckende Wirkung auf uns haben. Nehmen wir es aber in Liebe an, da könnte es sein, daß es uns etwas von
Gottes Herrlichkeit erahnen läßt.

21 Das Leben ist eine fortwährende Trennung

Alles, was einen Anfang hat, hat auch irgendwann ein Ende. Das scheint normal und berührt kaum jemanden in besonderer Weise. Sagen wir es genauer: Es berührt uns nicht, solange dieses Gesetz uns selbst nicht zu Leibe rückt und uns unmißverständlich zu verstehen gibt: Das gilt auch für dich! Sobald man nämlich bemerkt, daß auch das eigene Leben ein Ende hat, stehen wir vor etwas, mit dem wir nur schwer fertig werden. Denn so selbstverständlich es ist, daß jedes Leben eines Tages aufhört, so wenig können wir uns vorstellen, daß es uns eines Tages nicht mehr in dieser Welt geben soll, während alles andere weitergeht, als wäre nichts geschehen. Aber – genau so wird es mit Sicherheit sein. Jeder Tag, der zu Ende geht, möchte uns daran erinnern. Was ist das Leben?

Das ist eine Frage, die sich Thérèse immer wieder stellte. Wenn sie einen erlebnisreichen Sonntag hatte, wenn die Ferien zu Ende gingen, wenn der letzte Tag des Jahres gekommen war, in Stunden, da sie von einem Menschen Abschied nehmen mußte, der ihr lieb und teuer war, immer dann stellte sich ihr die Frage: Was ist das Leben? In ihren *Selbstbiographischen Schriften* lesen wir:

> *»In einem Augenblick begriff ich, was das Leben ist … Ich sah, daß es … eine fortwährende Trennung ist«* (MsA, 25v).

Mit anderen Worten: Es ist ein fortwährendes Abschiednehmen. Wie oft haben wir bereits Abschied nehmen müssen! Von dieser oder jener Schule, vom Elternhaus, von den einzelnen Lebensstufen, von Freunden, von Ländern, in denen wir Ferien machen konnten. Oder man folge der Einladung von ERNST WIECHERT und stelle sich eine lange Stange in einem großen Raum vor. An dieser Stange hängen nun alle Kleider bzw. Anzüge, die wir bislang getragen haben. Darunter unsere Schuhe. Sie alle rufen uns lautlos, aber eindringlich zu: »Das Leben ist eine beständige Trennung, ein fortwährendes Abschiednehmen.« Das bringt die französische Chansonsängerin MIREILLE MATTHIEU in einem ihrer Lieder in die Worte: »Zum Leben gehört das Abschiednehmen, gehört das Wort Adieu!«

Es ist nicht schwer zu sagen, weshalb das Abschiednehmen Schwierigkeiten macht. Der Ort, an dem man sein durfte, ist einem vertraut geworden. Man hat seine Umgebung kennengelernt und sich an die dortigen Menschen gewöhnt. Verschiedenartige Erlebnisse haben Bindungen geschaffen. All das vermittelt ein Gefühl von Sicherheit und stillem Glück.

Merkwürdig, daß einem solcherlei Erfahrungen oft erst im Augenblick des Weggehens bewußt werden. Daher hat GOETHE recht, wenn er sagt, daß erst bei der Trennung empfunden wird, was der erfüllte Augenblick verschweigt. So zeigt das Leben erst beim Abschied seine tiefere, leidvolle Wirklichkeit. Ob nicht alles Leid im wesentlichen in der Trennung besteht? So hat es Thérèse empfunden.

Mit jedem Abschied kommt uns die Vergänglichkeit und mit ihr die Kostbarkeit unseres irdischen Daseins zum Bewußtsein. Ohne Abschied würden wir dem Trägheitsprinzip anheimfallen, das eines der größten Lebensfeinde ist. Daher heißt es in dem Gedicht

Lebensstufen von HERMANN HESSE: »Wohlan denn, Herz, nimm Abschied und gesunde.« Nimm vor allem Abschied von dem, was nicht gut für dich ist, was dich klein macht und klein hält; nimm Abschied von unguten Eigenschaften, von allem, was dir die Weite und mit ihr die Würde nimmt.

Darüber hinaus geht uns in den Augenblicken des Abschiednehmens auf, daß alles Geschenkcharakter hat. Als ich letztlich in einer westfälischen Gemeinde zu tun hatte, begegnete ich Eltern, die gerade auf tragische Weise drei Töchter in blühendem Alter verloren hatten. Da sagte der Vater, und er legte in seine Worte die ganze Schwere seines leidgeprüften Herzens: »Wir danken Gott für die Jahre, in denen wir unsere Töchter haben durften.« Das ist »Dankbarkeit unter Tränen«, von der SÖREN KIERKEGAARD einmal spricht. Sie ist es, welche die tiefste Antwort auf das Leben gibt. Sie schützt vor Verbitterung, wenn der Augenblick kommt, da man sagen muß: »Adieu!«

Dieser Hinweis führt zu einem weiteren Grund, warum uns Gott fortwährend Abschiednehmen läßt. Er will, daß wir Menschen des Aufbruchs sind und es bis zu unserem Ende bleiben. Aufbruch bedeutet: sich ins Unbekannte, Ungewohnte und Ungewisse wagen. So wird das Leben zu einer Entdeckungsreise. Daher lebt nur, wer Abschied nehmen kann. Unter diesem Gesichtspunkt macht sich Thérèse die Verse eines französischen Dichters zu eigen:

»Das Leben ist dein Schiff,
doch deine Heimat ist es nicht« (MsA, 41r).

Unser Leben ist nur eine Durchgangsphase. Hier erfahren wir nicht nur, was das Leben, sondern auch, was der Mensch ist. Thérèse schreibt in einem Brief:

> *»Wir sind Reisende, die unterwegs sind*
> *zu einer ewigen Heimat«* (LT 148/13.8.93).

Das bedeutet, daß das Leben eine Zielrichtung hat. Man denke in diesem Zusammenhang an die Forschungsergebnisse der Psychoanalyse, die uns sagt, in unserer Persönlichkeit dränge ein mächtiger unbewußter Trieb zur Annahme, daß es ein Weiterleben nach dem Tode gebe. Daher unsere Sehnsucht nach Unsterblichkeit. Sie sei in unserer Wesensstruktur grundlegend. Dafür spricht das Wort Thérèses:

> *»In der Tiefe des Herzens spürt man, daß es einen ewigen Tag gibt«*
> (LT 114/3.9.90).

Wer also an ein Weiterleben nach dem Tode glaubt, folgt damit dem Drang seines Unbewußten; wer hingegen erklärt, er glaube nicht daran, reagiert auf eine der tiefsten Sehnsüchte seiner menschlichen Persönlichkeit mit Ablehnung. Daß diese Ablehnung viel Psychoenergie kostet, ergibt sich wie von selbst.

Die Erfahrung der fortwährenden Trennung einerseits und das Bewußtsein andererseits, daß unser Leben nur eine Durchgangsphase ist, läßt die Heilige sagen:

> *»Wie wohltuend ist es zu denken, daß wir unterwegs sind*
> *zu den ewigen Ufern«* (LT 173/1.95).

Dabei hat Thérèse den Glauben, daß Jesus der Steuermann ihres Lebensschiffes ist. Und sie ist sich sicher, daß er den Hafen der Ewigkeit an dem Tag anlaufen wird, da es gut für uns ist (vgl. LT 43B/18(?).3.88). Jesus ist also mit uns im Boot, selbst wenn wir meinen, er sei weit von uns entfernt.

~

Es gibt im Leben der Heiligen – wie häufig auch in unserem Leben – eine Erfahrung, aus der eine dritte Antwort auf die Frage »Was ist das Leben?« erwächst:

> »Wie wenig habe ich gelebt. Das Leben schien mir immer sehr kurz zu sein. Es scheint, als wären die Tage meiner Kindheit erst gestern gewesen« (DE 254/11.7.5).

Wer hätte nicht schon den Eindruck gehabt, daß seine Lebenszeit mit zunehmendem Alter immer schneller vergeht. Kam uns etwa in der Kindheit ein Jahr unendlich lange vor, so haben wir im Alter den Eindruck, es vergehe wie im Flug. Zum Schluß glaubt man tatsächlich, man hätte nur wenige Augenblicke gelebt. Wie deuten wir das? Je älter ein Mensch wird, um so mehr vergegenwärtigt sich sein Leben in einen kurzen Augenblick hinein:

> »Sehen wir das Leben in seinem wahren Licht ... Es ist ein Augenblick zwischen zwei Ewigkeiten« (LT 87/4.4.89).

Daraus ergeben sich verschiedene Konsequenzen, welche die Heilige so formuliert:

»Nützen wir den kurzen Augenblick unseres Lebens ...«
(LT 241/6.97(?).

»Man soll sich auf Erden an nichts hängen ... Nur was ewig ist, kann uns zufriedenstellen« (LT 42/21.2.88).

»Dieser Gedanke an die kurze Zeit des Lebens gibt mir Mut und hilft mir, die Mühen des Weges zu ertragen« (LT 173/1.95).

Dieser letzte Hinweis eröffnet uns den Horizont, in dem die Worte des Apostels Paulus zu verstehen sind: »Ich bin überzeugt, daß die Leiden der gegenwärtigen Zeit nichts bedeuten im Vergleich zu der Herrlichkeit, die an uns offenbar werden soll« (Römer 8,18). Das bedeutet zugleich: Das Geheimnis unseres Lebens wird mit zunehmenden Jahren nicht kleiner, sondern größer.

Daher erklärte HENRI DOMINIQUE LACORDAIRE im Augenblick seines Todes: »Ich bin unheimlich neugierig.« Man kann es auch so sagen: Das Beste liegt immer vor uns.

22 »Ich fühle, daß es einen Himmel gibt«

In seinem großen Roman *Die Brüder Karamasoff* läßt DOSTO-
JEWSKI den alten Staretz ein paar Sätze sagen, die wir wahrscheinlich alle in irgendeiner Weise nachvollziehen können: »An
die Stelle des kochenden Blutes tritt die Ruhe des sanften, klaren
Alters. Noch freue ich mich über den täglichen Aufgang der Sonne, doch liebe ich jetzt schon mehr ihren Untergang. Mein Leben
geht zu Ende; ich weiß es und fühle es. Doch fühle ich auch mit jedem sich neigenden Tag, wie sich mein irdisches Leben mit einem
neuen, unendlichen, unbekannten, aber nahe herankommenden
Leben berührt, in dessen Vorgefühl mein Herz vor Freude erzit-
tert.«[57]

Im Schrifttum der hl. Thérèse bemerken wir ebenfalls immer wieder dieses Wort: »Je sens« – »ich fühle«. So schreibt sie beispielsweise:

> *»Ich fühlte, daß es einen Himmel gibt, und daß dieser Himmel mit
> Menschen bevölkert ist, die mich lieben ...«* (MsB, 2v).

> *»Wie das Genie des Christoph Kolumbus ihn die Existenz einer neu-
> en Welt erahnen ließ, als noch niemand sonst daran dachte, so fühl-
> te ich, daß mir eines Tages eine andere Erde als dauernde Wohn-
> stätte dienen sollte«* (MsC, 6v).

Im Refektorium des Karmel war eine Kolumbus-Biographie vor-
gelesen worden. Kolumbus ließ sich nicht verwirren, auch nicht,

---

[57] Fjodor M. Dostojewski: Die Brüder Karamasoff, aaO., 476f.

als die Schiffsbesatzung ihn auf dieser abenteuerlichen Fahrt davon abzubringen suchte.

Es gibt also ein Gefühl dafür, daß es einen Himmel gibt. Und das ist das Eigentümliche an diesem Gefühl: Es ist sicherer und tiefer als jeder Beweis. Vielleicht erhebt sich in diesem Zusammenhang in uns die Frage: Wie kann es einen Himmel und in ihm einen gütigen Vater aller Menschen geben, der so viel Leid, Grausamkeit, Schicksalsschläge, Naturkatastrophen und Verbrechen zuläßt?

So wenig wir auf diese uns immer wieder bedrängende Frage antworten können, so bemerkenswert ist hingegen die Tatsache, daß diese Frage das tiefe Gefühl für Gottes Dasein und seinen Himmel noch nicht besiegt hat. Offensichtlich ist dieses Gefühl viel tiefer als alle Zweifel, so schwerwiegend diese auch sein mögen. Ja, es hat den Anschein, daß selbst diese Zweifel noch von diesem Gefühl getragen sind.

∼

Mir scheint nun, daß es in unser aller Leben etwas gibt, von dem sich dieses Gefühl von der Existenz des Himmels ernährt. Es sind jene lichtvollen und beglückenden Augenblicke, in denen wir meinen, den »Himmel auf Erden« zu erleben.

Ich hörte neulich im Rundfunk ein Interview, in dem verschiedene Personen befragt wurden, ob sie schon einmal ein solches Erlebnis hatten. Eine Frau schilderte die Erfahrung eines überstandenen Beinleidens. Ihre Worte überschlugen sich fast, so überraschend war für sie die Feststellung, wieder gehen zu können. Ein Mann erzählte von seiner Gefangenschaft, in der eine Russin ihm, dem ausgehungerten jungen Mann, aus ihrem Topf zu essen gab. Aus seinem Bericht spürte man, wie unvergeßlich dies für ihn geworden war. Eine andere Frau war von ihrem Glückserlebnis noch überwältigt, obwohl dieses schon 28 Jahre zurücklag: die Geburt ihres Kindes, um das sie sehr hatte bangen müssen.

Solche Augenblicke, in denen man den Einbruch einer »ganz anderen Welt« spürt, sind auch uns nicht fremd: Glückserfahrungen, die wir nur schwer beschreiben können und in denen uns etwas aufgeht, was langes Nachdenken und Grübeln nicht herausfinden. Werden wir dann auch alsbald wieder vom grauen Alltag eingeholt, so bleiben doch unvergeßliche Erinnerungen an solche Erlebnisse zurück. Mehr noch: Es ist die Erfahrung, daß es über all den dunklen Stunden unseres Lebens eine größere Wirklichkeit gibt. Daher sollte man sich gerade an diese lichtvollen Augenblicke erinnern, wenn Leid, Krankheit oder Enttäuschungen sosehr in die Dunkelheit ziehen, daß man den Glauben an den Himmel verlieren könnte. Ich sage dies, weil wir gerade im Leid den Blick für den größeren Zusammenhang verlieren können, weil wir nur uns selbst und unsere augenblickliche Armseligkeit sehen. Und auch dies sollte uns zum Lebensprinzip werden: Bleibe in den dunklen Stunden deines Lebens dem treu, was du im Licht gesehen hast.

Für Thérèse ernährte sich jenes Grundgefühl für die Existenz des Himmels vor allem aus der Erfüllung von Gottes Willen:

»Mein Herz ist ganz erfüllt vom Willen Gottes, auch wenn mir etwas daneben geht« (DE 263/14.7.9).

»›Gottes Wille geschehe‹. Darin allein ist Ruhe zu finden« (LT 201/1.11.96).

»Die Vollkommenheit besteht darin, seinen Willen zu tun, das zu sein, was er will, daß wir seien ...« (MsA, 2v).

Auf diese Weise werden wir die, die wir werden sollen. Den Willen Gottes erfüllen, das bedeutet: vom Du Gottes her leben. Indem Thérèse den Willen Gottes tat, gingen Gott und sie ineinander auf. So erlebte sie den Himmel auf Erden:

»Vor einiger Zeit fand ich ein Wort, das ich sehr schön finde ... ›Die Ergebung ist noch unterschieden vom Willen Gottes.‹ Es ist derselbe Unterschied wie der zwischen Vereinigung und Einheit. In der Vereinigung ist man noch zwei, in der Einheit ist man nur noch eins« (LT 65/20.10.88).

Es stellt sich hier die Frage, wie es der Heiligen möglich war, den Willen Gottes zu erkennen. Die Antwort auf diese Frage zeigt uns einen weiteren Aspekt, aus dem sich ihr Gefühl für die Existenz des Himmels nährte. Immer geht Thérèse ins Konkrete. Daher kann es gar nicht anders sein, als daß sie den Willen Gottes im jeweiligen konkreten Augenblick erkannte. Den jeweiligen Augenblick lebend, kennt sie die Sorge und die Angst um die Zukunft nicht:

»Ich beunruhige mich nicht. Ich will nur an den gegenwärtigen Augenblick denken« (DE 337/23.8.3).

»Ich leide nur von Augenblick zu Augenblick« (DE 327/19.8.10).

»Von einem Augenblick zum anderen vermag man viel zu ertragen« (DE 229/14.6.).

In diesem Zusammenhang schreibt HANS URS VON BALTHASAR: »So erlebt Thérèse in der Ruhe und Heiterkeit ihrer Hingabe etwas von dem, was die Dichter und Romantiker vergeblich ersehnten: im vollerfüllten Augenblick der Zeit die Ewigkeit.«[58] Indem Thérèse den konkreten Augenblick lebt, nützt sie die ihr von Gott gewährte Zeit voll aus. In der Verwirklichung von Gottes Willen läßt sie sich von Gott verwirklichen.

~

Wie umschreibt nun Thérèse die ewige Freude und das Glück des Himmels?

> *»Im Himmel gibt es keine Gräber mehr«* (LT 46/29.4.88).

> *»Ich sehe, was ich geglaubt habe,*
> *Ich besitze, was ich erhofft habe,*
> *Ihm bin ich vereint, den ich geliebt habe*
> *mit meiner ganzen Liebeskraft«* (LT 245/6.97).

> *»Im Himmel begegnet man keinen gleichgültigen Blicken«*
> (DE 268/15.7.5).

Das erinnert uns an das Wort des THOMAS VON AQUIN: »Im Himmel erfreut sich jeder der Erwählten des Glücks der anderen« (S.T., Suppl. 9,71,1). Die Heilige hatte im Buch von ABBÉ ARMINJON folgende Worte gelesen: »Jeder wird reich sein durch den Reichtum aller, jeder wird erfaßt sein von der Freude aller« (CS 63).

---

[58] Hans Urs von Balthasar, aaO., 64.

Das tiefste Glück des Himmels umschreibt Thérèse mit folgenden wenigen Worten:

>*Gott wird die Seele unserer Seele sein ...*
Unergründliches Geheimnis ...« (LT 94/14.7.89).

So lädt Thérèse dazu ein:

>*Gehen wir unseren Weg in Frieden,*
mit dem Blick zum Himmel,
dem einzigen Ziel unserer Mühen«
(LT 90/28.4.89).

Abkürzungen – Quellen

CS: Thérèse de Lisieux, Conseils et Souvenirs, gesammelt von Sr. Geneviève de la Sainte Face, Schwester und Novizin der Heiligen. Éditions du Cerf-Desclée de Brouwer, Paris 1973.

DE: Les »Derniers Entretiens«, die »Letzten Gespräche« der Heiligen mit ihren Schwestern. Éditions du Cerf-Desclée de Brouwer, Paris 1971.

DEA: Les »Derniers Entretiens«, Volume d'Annexes. Éditions du Cerf-Desclée de Brouwer, Paris 1971.

CiG: Christ in der Gegenwart

HA: Histoire d'une Ame (06 = 1906; 53 = 1953).

LT: Les »Lettres« de Thérèse, veröffentlicht in: Correspondance Génèrale I et II. Éditions du Cerf-Desclée de Brouwer, Paris 1972–1974, (LT 262/3.8.97 = Brief Nr. 262 vom 3.8.1897).

MA: Histoire d'une Ame, Manuscrits autobiographiques. Éditions du Cerf-Desclée de Brouwer, Paris 1972.

MsA: Premier manuscrit autobiographique, Mutter Agnès de Jésus gewidmet, 1895; v = linke Seite, r = rechte Seite der ursprünglichen Niederschrift.

MsB: Second manuscrit autobiographique, September 1896.

MsC: Troisième manuscrit autobiographique, Mutter Marie de Gonzague gewidmet, Juni–Juli 1897.

NC: Thomas von Kempen, Nachfolge Christi

PA: Procès apostolique (1915–1916). Teresianum, Roma 1976.

PN: Les »Poésies« de Thérèse. Éditions du Cerf-Desclée de Brouwer, Paris 1979.

PO: Procès de l'ordinaire (1910–1911). Teresianum, Roma.

RP: »Récréations pieuses«, von Thérèse in der Zeit vom 21.1.1894 bis zum 8.2.1897 acht verfaßte Stücke, die vom Noviziat aufgeführt wurden.

Lebensdaten

2.01.1873	23.³⁰ Uhr, Geburt von Marie-Françoise-Thérèse Martin in Alençon (Hauptstadt des Departements Ortie/Nordwestfrankreich), damals 16 037 Einwohner.
4.01.1873	Taufe in der Kirche Notre-Dame; Taufpatin ist ihre älteste Schwester Marie (1860–1940).
15./16.03.1873	Thérèse wird zur Amme Rose Taillé nach Semallé gebracht und bleibt dort bis zum 2.4.1874.
28.08.1877	Zélie Martin (geb. 1831), die Mutter von Thérèse, stirbt an Brustkrebs. Sie wird am darauffolgenden Tag beerdigt. Thérèse erwählt ihre zweitälteste Schwester Pauline (1861–1951) zur zweiten Mutter.
15.11.1877	Thérèse verläßt mit ihren Schwestern Alençon und zieht nach Lisieux, wo ihr Onkel, der Apotheker Isidore Guérin (1841–1909), »Les Buissonnets« als neues Heim ausfindig machen konnte. Hier wohnt die Familie bis zum 25.12.1889. Danach wird der Pachtvertrag nicht mehr erneuert.
8.08.1878	Thérèse lernt in Trouville zum ersten Mal das Meer kennen.
3.10.1881	Eintritt als Halbtagsschülerin in die Benediktinerinnenabtei »Notre-Dame du Pré«.
2.10.1882	Pauline tritt in den Karmel von Lisieux ein.

13.05.1883	Pfingsten, Thérèse wird durch das Zulächeln der Madonna von schwerer Krankheit geheilt.
8.05.1884	Erste hl. Kommunion in der Abtei; am selben Tag legt Pauline (Sr. Agnès de Jésus) im Karmel ihre Profeß ab.
Frühjahr 1886	Thérèse verläßt wegen fortwährender Kopfschmerzen und Skrupel die Abteischule und bekommt Unterricht von Madame Papinau.
15.10.1886	Marie, die älteste Schwester, tritt ebenfalls in den Karmel von Lisieux ein.
25.12.1886	Thérèse erlebt in der Weihnachtsnacht ihre »Bekehrung«; damit beginnt ihre dritte Lebensphase.
1.05.1887	Vater Martin (1823–1894) erleidet einen ersten Schlaganfall, der Lähmungen der Beine zur Folge hat.
29.05.1887	Pfingstsonntag, Thérèse bittet ihren Vater, in den Karmel von Lisieux eintreten zu dürfen, und erhält die Erlaubnis.
Juli 1887	An einem Sonntag im Juli: Angesichts eines Bildes vom Gekreuzigten erfährt Thérèse ihre Berufung zum Apostolat durch Gebet und Opfer.
1.09.1887	Thérèse liest in der Zeitung »La Croix« den Bericht von der Hinrichtung des Mörders Pranzini, für den sie seit Mitte Juli gebetet hatte und der im letzten Augenblick seines Lebens seine Schuld bereute.
31.10.1887	Reise mit ihrem Vater nach Bayeux, um ihren Bischof Hugonin um die Erlaubnis zu bitten, im Alter von fünfzehn Jahren in den Karmel eintreten zu dürfen.

4.11.–2.12.1887	Thérèse nimmt mit ihrem Vater und ihrer Schwester Céline (1869–1959) an einer Pilgerfahrt nach Rom teil.
20.11.1887	Audienz bei Papst Leo XIII. Thérèse bittet den Papst um die Genehmigung zum Eintritt in den Karmel.
28.12.1887	Der Bischof erteilt der Priorin des Karmels von Lisieux, Mutter Marie de Gonzague (1834–1904), die Vollmacht, Thérèse in den Karmel aufzunehmen.
6.04.1888	Eintritt in den Karmel von Lisieux.
10.01.1889	Einkleidung.
12.02.1889	Der Gesundheitszustand von Vater Martin hat sich so verschlechtert, daß er nach Caen ins Hospital »Saint Sauveur« gebracht werden muß, wo er drei Jahre bleibt.
25.12.1889	Les Buissoinnets wird aufgegeben.
8.09.1890	Feierliche Ordensprofeß.
29.07.1894	Herr Martin stirbt auf dem Schloß La Musse, das Familie Guérin geerbt hatte.
14.09.1894	Céline (Sr. Geneviève de Sainte-Thérèse) tritt als vierte der Geschwister in den Karmel ein.
Januar 1895	Thérèse beginnt mit ihren »Selbstbiographischen Schriften«.
2./3.04.1896	Die Todeskrankheit (Tuberkulose) meldet sich mit einem ersten Blutsturz an.
5.04.1896	Beginn der Glaubensprüfung.
8.09.1896	Thérèse verfaßt das Manuskript B.
6.04.1897	Mutter Agnès de Jésus beginnt mit der Aufzeichnung der letzten Worte von Thérèse.

3.06.1897	Thérèse beginnt im Auftrag der Priorin Mutter Maria de Gonzague mit dem Manuskript C, das sie vor dem 11.07.1897 abbricht.
8.07.1897	Thérèse bezieht das Krankenzimmer.
30.07.1897	Empfang der Krankensalbung.
30.09.1897	Nach zweitägigem Todeskampf stirbt Thérèse gegen 19.^{30} Uhr. – Ihre letzten Worte: »Mein Gott ... ich liebe dich!«
4.10.1897	Beerdigung auf dem städtischen Friedhof von Lisieux.
30.09.1898	Es erscheint die erste Auflage von »Geschichte einer Seele«.
Oktober 1919	Kardinal Vico, der Präfekt der Ritenkongregation, erklärt: »Wir müssen uns mit der Verherrlichung der kleinen Heiligen beeilen, wenn wir nicht wollen, daß uns die Stimme des Volkes überholt.«
29.04.1923	Seligsprechung durch Papst Pius XI.
17.05.1925	Heiligsprechung durch Papst Pius XI.
14.12.1927	Papst Pius XI. ernennt Thérèse zur Schutzpatronin der Missionen.
3.05.1944	Papst Pius XII. ernennt Thérèse neben Jeanne d'Arc zur zweiten Schutzpatronin von Frankreich.
19.10.1997	Erhebung zur Kirchenlehrerin durch Papst Johannes Paul II.